V&R

Regula Freytag /
Thomas Giernalczyk (Hg.)

Geschlecht und Suizidalität

Mit 20 Abbildungen und zwei Tabellen

Vandenhoeck & Ruprecht
in Göttingen

Die Deutsche Bibliothek – CIP-Einheitsaufnahme

Geschlecht und Suizidalität :
mit zwei Tabellen / Regula Freytag; Thomas Giernalczyk (Hg.). –
Göttingen: Vandenhoeck & Ruprecht, 2001
ISBN 3-525-45888-6

© 2001. Vandenhoeck & Ruprecht, Göttingen. – Printed in Germany. –
http://www.vandenhoeck-ruprecht.de
Alle Rechte vorbehalten. Das Werk einschließlich seiner Teile
ist urheberrechtlich geschützt. Jede Verwertung außerhalb der engen
Grenzen des Urheberrechtsgesetzes ist ohne Zustimmung des Verlages
unzulässig und strafbar. Das gilt insbesondere für Vervielfältigungen,
Übersetzungen, Mikroverfilmungen und die Einspeicherung und
Verarbeitung in elektronischen Systemen.
Satz: Text & Form, Pohle.
Druck und Bindung: Hubert & Co., Göttingen.

Inhalt

Vorwort 7

Männer und Frauen sind verschieden

Jochen Oehler
Geschlechtsspezifische Verhaltensaspekte
aus biologischer Sicht 13

Matthias Israel, Werner Felber, Peter Winiecki
Geschlechtsunterschiede in der parasuizidalen Handlung   28

Der weibliche Suizidversuch

Christina Rachor
Der »weibliche Suizidversuch«.
Geschlechterstereotypen und suizidales Verhalten
von Mann und Frau 45

Benigna Gerisch
»Sterbe ich vor meiner Zeit, nenn' ich es noch Gewinn«.
Weiblichkeit und Suizidalität – Eine quellenkritische
Sichtung traditioneller Erklärungsmodelle 68

Der männliche Suizidale

Manfred Wolfersdorf
Depressive Männer. Einige klinische Anmerkungen 83

Jürgen Kind
Geschlechtertypische Suizidmotivation?
Ein klinischer Eindruck 95

Regula Freytag
Unsereins macht »es« richtig! Die Geschichte von
Axel M. oder die Macht eines geschlechtstypischen
Spruchs 106

Die therapeutische Beziehung

Michael Witte
Psychosoziale Krisenhilfe für Männer. Oder: Wen
erreichen Krisendienste ... nicht? 117

Thomas Giernalczyk
Überlegungen zur Liebe in der Suizidprävention 130

Der Einfluß anderer Kulturen

Andreas Frei
Asylbewerberin, psychotisch, fremdsprachig, von der
Familie verlassen – Alternativen zum Suizid?
Doppelkasuistik zweier kurdisch-alevitischer Frauen 145

Danuté Gailiené, Ruta Navardauskiené
Zur Neuorientierung der Geschlechterbeziehungen in
einer postkommunistischen Gesellschaft. Ein Beitrag
aus der suizidologischen Forschung in Litauen 156

Die Autorinnen und Autoren 164

Vorwort

Das Phänomen der unterschiedlichen Suizidraten bei Männern und Frauen ist seit langem, auch länderübergreifend, bekannt. Auch lassen sich Unterschiede nicht nur in der Häufigkeit, sondern auch bei den näheren Umständen statistisch nachweisen. So sterben Männer beispielsweise häufiger durch eigene Hand, Frauen nehmen mehr Suizidversuche vor. Es scheint also geschlechtstypische Muster suizidalen Verhaltens zu geben. Was bedeutet das? Welche Konsequenzen ergeben sich für Forschung und helfende Praxis, wenn wir diese Phänomene wirklich ernst nehmen? Offenbar gibt es nicht den suizidalen Menschen schlechthin, sondern er ist suizidal als Frau oder als Mann.

Das läßt uns fragen: Gibt es vielleicht sogar einen biologisch determinierten, also genotypischen Suizid? Oder ist er mehr ein Ereignis, das viel eher dem gesellschaftlich bedingten Rollenverhalten zuzuordnen ist, also im weitesten Sinne phänotypische Züge trägt?

Oder ist der Suizid ein Recht, ein Privileg des Humanen schlechthin – wobei Männer dieses Recht anscheinend häufiger in Anspruch nehmen als Frauen? Ist er ein Ergebnis persönlicher Deutungen und Bewertungen – wobei Frauen sehr viel häufiger zum Ergebnis »Suizidversuch« gelangen? Die Erklärungen suizidalen Handelns beeinflussen unsere Hilfsangebote fundamental. Die Autoren und Autorinnen in diesem Buch stellen sich diesen Fragen zur Geschlechterdifferenz im Hinblick auf suizidales Verhalten ganz gezielt.

Befragt man den Biologen (und mit seinem Votum beginnt dieses Buch), wird er sagen: Natürlich gibt es grundlegende biologische Unterschiede zwischen Männern und Frauen, sogar sehr spezifische, und warum sollen sie sich nicht auch im Verhalten niederschlagen? Es gibt eine Reihe von Körpermerkmalen, die geschlechtsspezifisch sind, und es gibt zwischen den Geschlechtern eine unterschiedliche Zielgerichtetheit des biologischen Funktionierens, um das Überleben der Menschheit zu sichern, die sich natürlich auch im Verhalten niederschlägt.

Der biologische Unterschied zwischen Mann und Frau wird in jeder Gesellschaft aufgegriffen und je nach herrschender Kultur normativ umgesetzt. »Der Unterschied wird«, schreibt Schelski[1], »über seine biologische Festgelegtheit hinaus sozial fixiert und mit allen Mitteln der sozialen Sanktionierung und Tabuisierung absolut gesetzt, um damit aus dem Bereich der verfügbaren Verhaltensveränderungen ausgeblendet zu werden.« Am deutlichsten werde dies an den Geschlechtsrollen, die Männern und Frauen zugewiesen werden. Von Geburt an wird jedem Kind von Mutter und Vater vermittelt, was für einen Jungen und was für ein Mädchen gut und richtig ist. Über die Identifikation mit den primären Bezugspersonen werden Geschlechtsrollen in individueller Ausprägung als Rahmen für Verhalten, Denken und Fühlen fest verankert und aus der Alltagswahrnehmung verbannt. Gleichzeitig bilden sich Geschlechtsunterschiede in der Sprache und in der Rechtsordnung jeder Gesellschaft ab und stabilisieren die sozial eingerichteten Unterschiede.

Biologische und soziale Unterschiede zwischen Frauen und Männern wirken sich selbstverständlich auch auf die weibliche und männliche Psychologie aus, die sehr unterschiedlich organisiert sind. Damit wird Suizidalität zwingend geschlechtsspezifisch. Wie eine Pyramide sind biologische, soziale und psychologische Muster von Männlichem und Weiblichen aufeinandergeschichtet und gleichzeitig vielfach vernetzt. Zunächst unsichtbare Regelkreisläufe verbinden die Schichten und helfen sie zu stabilisieren: Soziologische Muster wirken auf psy-

---

[1] Schelski, H. (1955): Soziologie der Sexualität. Über die Beziehungen von Geschlecht, Moral und Gesellschaft. Reinbek, S. 26.

chologische Mechanismen, und diese wirken zum Beispiel durch Krisen und Suizidalität wiederum auf die gesellschaftlich organisierten, geschlechtsspezifischen Hilfsangebote und Suizidtheorien zurück.

So wird offensichtlich, daß bei der Forschung und Praxis der Suizidprävention die oft implizierte »Eingeschlechtlichkeit« den Weg zum weiteren Verständnis der Suizidalität und ihrer Erforschung verstellt. Wenn wir nun hinreichend zur Kenntnis nehmen, daß Männer und Frauen grundlegend verschieden sind, so grundlegend, daß sie von verschiedenen Planeten stammen könnten, dann kann es gar keine geschlechtsneutrale Betrachtung »von oben« geben, sondern es muß »irdisch« zugehen, wenn unsere Forschung und Praxis weiterkommen sollen. Das ist das Spannende an unserem Thema.

Entlang diesen Überlegungen sind die Beiträge des Buches ausgewählt. Es sind Beiträge, die von den Autoren und Autorinnen ganz bewußt als Mann oder Frau zu ihrem jeweiligen Forschungsgegenstand geschrieben wurden. Nun ist es jedoch nicht mehr möglich, im Sinn des bisher Erörterten, die Befunde der Beiträge eindeutig zu interpretieren. Es ergibt sich ein Interpretationsfeld zwischen Autor oder Autorin und Leser oder Leserin. Wir möchten Sie als Leserin oder Leser also einladen, sich in dieses Feld hineinzubegeben und sich dabei nicht nur den eigenen Standort als Leser oder Leserin, sondern auch den jeweiligen Standort der Autoren oder Autorinnen als Männer oder Frauen bewußtzumachen. Wenn Sie sich hierauf einlassen, wird das in diesem Buch vor Ihnen ausgebreitete Material außerordentlich hilfreich sein, die bestehende Geschlechterdifferenz genauer wahrnehmen, sie anerkennen, in der täglichen Arbeit würdigen und ihr gerecht werden zu können. So hoffen wir.

Regula Freytag und Thomas Giernalczyk

Männer und Frauen sind verschieden

Jochen Oehler

Geschlechtsspezifische Verhaltensaspekte aus biologischer Sicht

Bei den meisten höherentwickelten Organismen spielen geschlechtliche beziehungsweise sexuelle Prozesse eine dominierende Rolle, da sie die lebensweitergebenden Funktionen der Fortpflanzung und Vermehrung garantieren. Individuen, die diese grundsätzliche Funktion nicht realisieren, verschwinden aus der Generationenabfolge ohne eine Kompensation durch Nachwuchs. Sie scheiden damit auch aus dem Evolutionsgeschehen aus. Geschlechtsspezifisches Verhalten, so facettenreich es sich bei pflanzlichen und bei tierischen Arten auch darstellt, ist in seinem Ursprung auf diese grundsätzlichen biologischen Funktionen zurückzuführen. Auch ungeschlechtliche Fortpflanzung ist möglich. Sie ist in erster Linie bei einfacheren, vielfach einzelligen Lebewesen zu beobachten. Die enorme Vielfalt der Erscheinungsformen sexueller Fortpflanzung beweist jedoch, daß ein deutlich positiver Selektionsdruck auf sexuellen Fortpflanzungsprozessen im Verlauf der Evolution gelegen haben muß.

Sexualität bedingt primär die Differenzierung von zwei verschiedenen Geschlechtszellen, die zum Zweck der Fortpflanzung verschmelzen und dadurch die Befruchtung realisieren. Das Resultat ist eine befruchtete (Ei-)Zelle, die Zygote; sie wird zum Ausgangspunkt von Zellteilungen und damit zum Startpunkt für den Entwicklungsprozeß (Embryogenese) eines neuen Organismus. Auffällig sind die unterschiedliche Größe und die unterschiedliche Beweglichkeit der Geschlechtszellen, der Gameten. Die meist große, recht unbewegliche Form ist die weibliche Eizelle, die kleinere, meist auch bewegliche Form ist das männliche Spermium. Die verschiedenen Geschlechtszellen werden in männlichen oder weiblichen Geschlechtsorganen produziert, die sich bei zwittrigen Arten innerhalb eines Organismus (Hermaphrodit), bei getrenntgeschlechtlichen Arten in verschiedenen Organismen (männliche oder weibliche) befinden. Die Determination des Geschlechts kann phänotypisch, also durch äußere Konstellationen und Bedingungen gegeben sein. Die entwickeltere Form ist die genotypische, das heißt die durch die Gene vorgegebene Bestimmung des Geschlechts.

Getrenntgeschlechtlichkeit bietet in der Evolution die Möglichkeit, die verschiedenen Geschlechter unterschiedlich zu entwickeln (Sexualdimorphismus). Diese unterschiedliche Gestalt kann verschiedenste biologische Funktionsebenen betreffen, die zelluläre (Geschlechtszellen), die organische (primär die Geschlechtsorgane), den gesamten Körperbau (sekundäre Geschlechtsmerkmale) und schließlich auch die Verhaltensebene (Wickler 1985).

Während die Mechanismen der sexuellen Fortpflanzung mit der Bildung der Gameten durch den komplizierten Mechanismus der Meiose insbesondere dem biologischen Zweck der Erhöhung der Variabilität des genetischen Materials durch Re- und Neukombination dienen, sind offenbar alle nachgeschalteten Abläufe in der Evolution so gestaltet worden, daß sie eine artspezifisch optimale Zusammenführung der Gameten garantiert. Dazu trägt die Unterschiedlichkeit in Größe und Beweglichkeit der männlichen und weiblichen Gameten ebenso bei wie der spezifische Bau und die Funktion der Geschlechtsorgane (z. B. Hoden und Eierstock, Penis und Vagina) und das unterschiedliche geschlechtsspezifische Verhalten von Weibchen und Männchen. Die Vielzahl der Entwicklungen läßt sich sowohl unter dem Gesichtspunkt der Anpassung des Befruchtungsvorgangs an die jeweiligen ökologischen Gegebenheiten und Lebensumstände betrachten als auch unter dem Gesichtspunkt der Maximierung des individuellen Fortpflanzungserfolgs der beteiligten Artangehörigen, der männlichen wie auch der weiblichen.

Die große Beweglichkeit und kleine Gestalt der männlichen Spermien sowie die geringe Beweglichkeit und größere Gestalt und damit die größere Material- und Energiereserve der weiblichen Eizelle haben große Vorteile für den Befruchtungsvorgang und die folgende Embryonalentwicklung. Außerdem wird durch die Quantität, im Fall der männlichen Gameten durch eine übermäßige Anzahl der Spermien, die Befruchtung der geringeren Anzahl der Eizellen zusätzlich wahrscheinlicher. So zeigt sich, daß die Sicherung des Nachwuchses von der Investition der Elternorganismen abhängig ist. Hohes Investment, das auch über die Zeit der Befruchtung hinaus die Embryonalentwicklung begleitet, gibt größere Sicherheit für den Nachwuchs und damit für die eigene Fortpflanzung.

Die wohl größten Investitionen in die Nachkommen realisieren die Säugetiere und bei ihnen in sehr auffälliger Weise vor allem die weiblichen Artangehörigen. Sie sind neben der Größe ihrer Eizellen auch durch die embryonale Entwicklung im Mutterleib zu hohem Investment programmiert. Während der Schwangerschaft stellt der mütterliche Organismus viele Stoffe und Energien für die Entwicklung der Föten im Uterus bereit. Die Weibchen gehen dabei biologisch gesehen ein individuelles Risiko zugunsten der Fortpflanzung ein. Weiterhin ist das weibliche Investment der Säugetiere mit dem Geburtsvorgang bei weitem nicht abgeschlossen, da die postnatale Entwicklung des Nachwuchses in hohem Maß durch die Muttermilchernährung (Säuger) direkt realisiert wird. Schließlich entwickelt sich durch die zwangsläufige Nähe zwischen Mutter und Kind(ern) ein weiterer Bereich, der vor allem mit der Sozialisation und Verhaltensentwicklung des Nachwuchses zusammenhängt und der in der Evolution zur Entstehung weiterer geschlechtstypischer Verhaltensbereitschaften geführt hat. Die Investition und Anpassung der Männchen ist vor allem auf eine maximale, möglichst kontinuierliche Produktion von Spermien mit guter Beweglichkeit sowie auf eine hohe Kopulationsbereitschaft orientiert. Die geschilderten Unterschiede sind biologisch so vorgegeben, daß sie nicht austauschbar sind. So wird besonders bei den Säugern der geschlechtsspezifische Unterschied im Investment überdeutlich.

Die Wahrscheinlichkeit größerer Fortpflanzungserfolge der Männchen wächst mit der Anzahl von Kopulationen, so daß eine möglichst große Bereitschaft zu sexuellem Verhalten eine wichtige Komponente für die Fortpflanzungsstrategie der Männchen darstellt (Vogel 1992). Diese Bereitschaft, insbesondere bei den Primaten, aber auch bei niederen Säugern wie Nagetieren, kommt mehr oder weniger einer Dauerbereitschaft zumindest in der Fortpflanzungsperiode gleich. Auch das ist durchaus als Anpassung der männlichen sexuellen Verhaltensstrategie zu betrachten, da dadurch die Wahrscheinlichkeit steigt, im Fall des Vorhandenseins befruchtungsbereiter Weibchen zu Kopulationen und damit zu einem höheren Fortpflanzungserfolg zu kommen. Die Säugerweibchen hingegen sind in ihrer Befruchtungsfähigkeit bestimmten arttypischen Zeitzyklen unterworfen, die durch die physiologischen Prozesse der Ei- und Uterusreifung (Eisprung) bedingt sind. Damit korreliert meist auch die Bereitschaft zu sexuellem Verhalten. Dennoch ist die Kopplung zwischen Befruchtungsfähigkeit und Kopulationsbereitschaft nur zur Zeit der Befruchtungsfähigkeit nicht zwingend. Sowohl beim Menschen, aber auch schon bei einer Reihe anderer Primatenarten, selbst beim Stachelschwein, ist das sexuelle Verhalten, also das Verhalten, das zur Kopulation führt und die Kopulation selbst, unabhängig von Befruchtung und Zeugung auch ein Mittel zur positiven sozialen Kommunikation und Bindung.

Je weiter wir uns von den Funktionsebenen des zellulären Befruchtungsvorgangs entfernen und der Verhaltensebene nähern, um so variabler wird das Geschehen. Da die natürliche Entwicklung über Jahrmillionen immer nur nach dem Reproduktionserfolg ausgelesen hat, sind Männchen zwangsläufig genetisch anders programmiert als Weibchen. Aus der Polarität der Geschlechtszellen und ihrer unterschiedlichen Beteiligung an der Befruchtung und nachfolgenden Embryogenese ergibt sich insbesondere bei Säugetieren, daß der Fortpflanzungserfolg beim männlichen Geschlecht logischerweise um ein Vielfaches größer als beim weiblichen sein kann. Ein Weibchen erhöht seinen Fortpflanzungserfolg nicht, wenn es sich innerhalb eines Zyklus von mehr als einem Männchen begatten läßt, aber jedes Männchen kann seinen Reproduktionserfolg enorm steigern, da es potentiell die Möglichkeit hat, innerhalb kürzester Zeit viele Weibchen zu begatten. Biologisch ist somit vorgegeben, daß die Varianz des Reproduktionserfolgs beim männlichen Geschlecht um ein Vielfaches größer als bei den Weibchen ist. So kann ein Männchen überhaupt nicht zur Fortpflanzung gelangen, während ein anderes, zum Beispiel in einer Haremsstruktur als dessen Führer, eine hohe Zahl an Nachkommen erreichen kann. Weibchen jedoch bringen eine durch die Zyklenanzahl und Trächtigkeitszeiten während der Fortpflanzungsperiode begrenzte und somit geringere, aber relativ zur Variabilität der Fortpflanzungschancen der Männchen gesehen, stabile Anzahl von Nachkommen auf.

Die Asymmetrie der Investitionen für den Nachwuchs zeigt sich bei den Geschlechtern deutlich im Körperbau und in den Verhaltensunterschieden. Je mehr man sich jedoch von der primären biologischen Funktionsebene entfernt, um so wahrscheinlicher und deutlicher wird die Verknüpfung und Abhängigkeit der der Befruchtung dienenden Funktionen mit weiteren Funktionsebenen. So unterliegt die Produktion der Geschlechtszellen in den Hoden und Ovarien dem physiologischen und hormonellen sowie dem ontogenetischen Entwicklungszustand des Körpers genauso wie andere Körperfunktionen und Leistungsparameter. Sexuelles Verhalten ist somit nicht nur von hormonellen, energetischen und den Gesamtzustand des Organismus beeinflussenden Faktoren abhängig, sondern auch von einer Fülle außerhalb des Organismus befindlicher zum Beispiel auch sozialer Faktoren. Entwicklungsschritte stellen immer komplexe Kompromißlösungen dar; es müssen bei der Ausbildung von Anpassungen viele Funktionen berücksichtigt werden. Dabei üben übergeordnete Funktionen einen bestimmenden Einfluß aus.

Das bedeutet aber auch, daß sexuelle Verhaltensweisen durchaus auch in anderen Verhaltenskontexten auftreten oder aus diesen entlehnt sein können. Beispielsweise gehört rivalisierendes Verhalten um Fortpflanzungspartnerinnen zu besonders männlich-typischem Geschlechtsverhalten. Da Rivalität und Konkurrenz nicht auszuschließen sind, wird verständlich, daß sich phylogenetisch geschlechtsspezifische Verhaltensstrategien herausgebildet haben, die die Wahrscheinlichkeit individuellen geschlechtsspezifischen Erfolgs erhöht und dadurch den Geschlechtsdimorphismus in Körperbau und Verhalten förderlich beeinflußt haben. Das kann auch zu unterschiedlicher Nutzung ökologischer Gegebenheiten durch die Geschlechter führen. So weiß man von Schimpansen, daß sich die Nahrungszusammensetzung weiblicher und männlicher Schimpansen deutlich unterscheidet. Die Getrenntgeschlechtlichkeit hat zu solchen Unterschieden zwischen den Geschlechtern geführt, daß W. Wickler schreibt: »Biologisch wäre es realistischer, männliche und weibliche Wesen als zwei verschiedene Arten aufzufassen, die zu einer Symbiose gezwungen sind, weil sie zum Überleben durch Fortpflanzung aufeinander angewiesen sind« (Wickler u. Seibt 1998). Wenn auch diese Formulierung zunächst überspitzt erscheint, so kann man bei evolutionsbiologischer Betrachtung nicht umhin, immer wieder den ultimaten Zweck im Auge zu haben, und das heißt Optimierung der Gesamtfitness.

Die biologisch gegebenen Unterschiede erfordern geschlechtsspezifische Mechanismen und Verhaltensweisen, um zur Fortpflanzung zu gelangen. Diese Verhaltensweisen sind wiederum evolutionäre Ausgangspunkte für andere Anpassungen, die positiv selektiert werden, solange dabei das ultimate Ziel der Fortpflanzung nicht zu kurz kommt. Solche Anpassungen rekrutieren sich beispielsweise aus dem Prinzip der schon von Darwin beschriebenen sexuellen Selektion (Darwin 1992). Wie oben schon beschrieben, versteht man darunter den unterschiedlichen Reproduktionserfolg bei entweder gleichgeschlechtlicher Rivalität (intrasexuelle Selektion) oder bei intersexueller Selektion, wenn zum Beispiel Vertreter eines Geschlechts (meist die Weibchen) unter den sich anbietenden Partnern einen bestimmten auswählen. Intrasexuelle Rivalität (vor allem bei Männchen) und die Prozesse der Partnerwahl (häufig bei Weibchen) haben in der Phylogenese in Verbindung mit den geschilderten geschlechtsspezifischen Unterschieden zwischen den Geschlechtern wiederum zu auffälliger Betonung von Unterschieden im Körperbau und zusätzlich, damit eng verbunden, im Verhalten geführt. Sie sind mit hoher Wahrscheinlichkeit auch Schrittmacher auf dem Entwicklungsweg der hochentwickelten sozialen Säugetiere, insbesondere der Primaten und unter ihnen der Hominiden, einschließlich des Homo sapiens geworden (Gladue 1991; Leutenegger 1992).

Die Asymmetrie geschlechtsspezifischer Reproduktionsstrategien, die in der biologischen Evolution so vorteilhaft war, mußte logischerweise auch zur Asymmetrie im Verhalten und der ihnen zugrundeliegenden Strukturen und Prozesse, also der das Verhalten programmierenden Mechanismen führen. Neuere Untersuchungen haben gezeigt, daß neben einem geschlechtsspezifischen rein quantitativen Größenunterschied des Gesamtgehirns (auch beim Menschen) auch geschlechtsspezifische Unterschiede in bestimmten Hirnstrukturen vorliegen (Bishop u. Wahlsten 1997; Giedd et al. 1997). Ohne auf Einzelheiten an dieser Stelle weiter eingehen zu können, seien zwei durchaus gesicherte Erkenntnisse erwähnt. Die Stärke der Verbindungsstrukturen zwischen den beiden Hirnrindenhälften des menschlichen Großhirns, also die Anzahl der interhemisphären Nervenleitungen, ist im weiblichen Gehirn größer als im männlichen. Auch bestimmte Kernstrukturen im Thalamus sind geschlechtsspezifisch unterschiedlich groß. Entwicklungsbiologische Untersuchungen haben gezeigt, daß die Entwicklung des Gehirns offenbar vom Einfluß der spezifisch männlichen (Androgene) beziehungsweise spezifisch weiblichen (Östrogene) Geschlechtshormone abhängig ist. Wenn sich in der embryonalen Entwicklung die primären Geschlechtsdrüsen herausbilden, die für die Bildung der Gameten verantwortlich sind, produzieren diese auch die geschlechtsspezifischen Hormone, die ihrerseits Einfluß nehmen auf die Ausbildung des »geschlechtsspezifischen« Gehirns einschließlich bestimmter Hirnstrukturen. Unter normalen Bedingungen ist durch die entwicklungsbedingte Abfolge eine sehr hohe Wahrscheinlichkeit dafür gegeben, daß das genetische Geschlecht mit dem Verhaltensgeschlecht übereinstimmt.

Eine auffällige Besonderheit beim Menschen ist die Dauerschwellung der weiblichen Brust, die weitestgehend aus Fettgewebe besteht. Bei anderen Säugetierarten, einschließlich der Primaten, besteht die Brustschwellung nur während der Stillzeiten. Auch die sexuelle Dauerbereitschaft, mit leichten Schwankungen während des Menstruationszyklus, ist ein besonderes Kennzeichen des menschlichen Weibchens. Die damit verbundene Orgasmizität deutet darauf hin, daß hier ein über die geschlechtliche Vereinigung und Fortpflanzungsfunktion hinausgehender und sie auch unterstützender Funktionsbereich entstanden ist. Er trägt vor allem deutlich positive soziale Züge und scheint damit eine biologische Vorgabe für Partnerbindungsprozesse zu sein. Phylogenetisch repräsentiert dieser Funktionsbereich sicher eine maßgebliche Quelle für die Entwicklung und Ausbildung familiärer sowie sozialer Strukturen und Systeme, auch über die primäre Fortpflanzungsgemeinschaft hinaus. Diese (selektive) Partnerbindungsfunktion verbesserte selbstverständlich in Form einer Brutpflegegemeinschaft die Fortpflanzungs- und Vermehrungschancen, insbesondere der weiblichen Artangehörigen, wurden sie doch dadurch gleichzeitig von ihrem hohen Brutpflegeinvestment entlastet (Schutz, Nahrung etc.). Für die Absicherung des eigenen Nachwuchses sind also die weiblichen Artangehörigen weit mehr an einer über die sexuellen Verhaltensweisen hinausgehenden Partnerbindung interessiert. Dem hat sicher die biologische Entwicklung in der Weise Rechnung getragen, daß sich beim weiblichen Geschlecht generell und insbesondere beim Menschen Strukturen, Handlungsbereitschaften und Verhaltensweisen entwickelt haben, die der Partnerbindung dienen. Das sind sicher die betont weibliche Körperstruktur, die spezifischen Gesichtsmerkmale wie beispielsweise die Lippenpartien, aber auch die spezifisch weiblichen Verhaltensweisen, die mit dem Begriff des Flirtens allgemein umschrieben werden. Auch das nachweislich stärkere Empfinden und die stärkeren Bedürfnisse nach festeren und längeren Dauerbeziehungen und damit die Wertigkeit solcher Beziehungen bei Frauen sind hier einzuordnen. Jedenfalls ist die Tatsache, daß das Vorkommen der »Vielmännerei« (Polyandrie) beim interkulturellen Vergleich von 849 Ethnien unter 5 Prozent liegt, während dagegen die Duldung von polygamischen Strukturen bei etwa 83 Prozent der Ethnien beobachtet wird, durchaus als Beweis für eine asymmetrische Verhaltensdisposition zu sehen (Vogel 1992).

Tembrock (1992) macht in diesem Zusammenhang auf das Phänomen des Stimmbruchs bei Männern und dessen Fehlen bei Frauen aufmerksam. Die männliche Stimme sinkt dabei in der Pubertät um mindestens eine Oktave. Vermutlich spielen hier phylogenetisch entstandene unterschiedliche kommunikative Funktionen, primär im nonverbalen Bereich, eine Rolle.

Das ist sicher mit den spezifisch männlichen kommunikativen Funktionen des geschlechtstypischen Verhaltens nach dem Stimmbruch in Verbindung zu bringen. Bei Frauen dominieren die kommunikativen Funktionen vor allem im Rahmen der Mutter-Kind-Beziehungen, um diese abzusichern. Auch Männer versuchen mit dem Anheben der Stimme, den Kontakt zu Kleinkindern zu optimieren. Die vielen diffizilen Untersuchungen Grammers (1995) machen die Fülle unterschiedlicher geschlechtstypischer Verhaltensweisen, vor allem von Signalhandlungen, bei intergeschlechtlicher Kommunikation deutlich.

Experimentelle Untersuchungen haben gezeigt, daß es zwar generell eine auf das andere Geschlecht orientierte (bevorzugte) sexuelle Bereitschaft und dementsprechend orientierte Ansprechbarkeit gibt, daß aber insbesondere die sekundären Geschlechtsmerkmale der Frau als ein Schlüssel- oder Kennreiz bevorzugende und anziehende Wirkung beim männlichen Geschlecht ausüben (Bosinski 1992; Grammer 1995; Morris 1986). Diese Aussage wird nicht zuletzt durch die mit der kulturellen Entwicklung mögliche Überbetonung bekräftigt. Genannt sei das Lippenfärben, die Betonung von Körperproportionen durch die Mode, die Busenbetonung und schließlich die bevorzugte Nutzung entsprechender überoptimaler Muster in der Produktwerbung.

Beim Mann hingegen vermerkte schon Darwin (1992), daß nicht nur der »wilde Eber mit seinen großen Hauern« und der »Elefant mit seinen ungeheuren Stoßzähnen« sich mehrere Weibchen zu verschaffen versucht, sondern daß auch »die bedeutendere Größe und Stärke des Mannes im Vergleich mit der Frau, in Verbindung mit seinen breiteren Schultern, seiner entwickelteren Muskulatur, seinen eckigen Körperumrissen, seinem größeren Muthe (durch) den Erfolg der stärksten und kühnsten Männer in ihren Streits um Frauen (entstand), welcher ihnen das Hinterlassen einer zahlreicheren Nachkommenschaft als ihren weniger begünstigten Brüdern sicherte.« So zeigt sich in Körpergröße und Gewicht ein klarer Sexualdimorphismus, der vermutlich auch durch die intrasexuelle Rivalität in der Evolution gefördert wurde, allerdings in der Entwicklung zum Homo sapiens mit abfallendem, aber dennoch statistisch erkennbarem Unterschied von etwa 20 Prozent beim heutigen Menschen (Leutenegger 1992). Die körperliche und verhaltensmäßige Unterschiedlichkeit, ob nun mehr oder weniger durch die geschlechtliche Asymmetrie der Beteiligung am primären Fortpflanzungsverhalten oder durch die daraus phylogenetisch entstandenen spezifisch männlichen und weiblichen Fortpflanzungsstrategien bedingt, führt auch in der Interaktion mit der Umwelt generell, also auch in anderen Verhaltensbereichen, zu dispositionellen Unterschieden. Das hat zur Folge, daß jedes Geschlecht bestimmte Funktionen leicht, andere schwerer und wieder andere gar nicht realisieren kann. Daher sollten zwischen geschlechts*spezifischen* und geschlechts*typischen* Charakteristika unterschieden werden, wobei letztere nur im statistischen, nicht im deterministischen Sinn geschlechtscharakterisierende Unterschiede darstellen (Bosinski 1992; Vogel 1992). Sie fallen bei einzelnen Verhaltensdispositionen deutlicher, bei anderen weniger deutlich aus.

Die Varianz von Verhaltensweisen wird durch eine Reihe weiterer Verhaltenskontexte mitbestimmt, die in geschlechtstypische Verhaltensweisen mit einbezogen sein können. Ein leicht einsehbares Beispiel sind aggressive Verhaltenskomponenten. Natürlich ist bei beiden Geschlechtern aggressives Verhalten nachzuweisen (Gladue 1991). In einer normierten Skala zeigt sich aber, daß sich die Mittelwerte der männlichen Population von denen der weiblichen statistisch deutlich unterscheiden. Da unter Männchen aufgrund der limitierten »Ressource« Fortpflanzungspartner ein höherer intrasexueller Konkurrenzdruck herrscht, kann verstärkte Aggressivitätsneigung durchaus vorteilhaft für die eigene Reproduktionsstrategie sein. Schon die durch körperliche Größe signalisierte Dominanz kann Vorteile bringen, sowohl in intraspezifischen Auseinandersetzungen als auch bei der dadurch bedingten vergrößerten Signalwirkung auf die auswählenden Weibchen. Intrasexuelle Rivalität jedoch nur durch Aggressivität zu agieren wäre mit zunehmenden Risiken begleitet. Daher scheinen sich stellvertretend oder zusätzlich intentionale Rituale (Balz, Brunst, Werbung, Flirt) in besonderem Maß entwickelt zu haben, die »Macht« und »Stärke« und damit Voraussetzungen für erfolgreiche Fortpflanzung (und Brutpflege) signalisieren. Das weibliche Geschlecht entwickelt seinerseits die schon erwähnten typischen weiblichen Körpermerkmale, die vor allem Signalwert haben und die durch den Attraktivitätsgrad ihre anziehende Wirkung auf das männliche Geschlecht fördern.

Hier ist ein biologisch stabiles, nonverbales koevolutives Signalsystem entstanden, das die Basis für die geschlechtstypischen Verhaltensweisen, für die Paarbildung und Paarbindung bildet. Es ist bei Menschen differenziert nachweisbar und hat durch eine Vielzahl von Über- und auch Untertreibungen eine unübersehbare Vielfalt von epochen- und kulturenabhängiger Ausformungen erfahren. Die Frau, die wegen der Sicherung ihres Investments in die Nachkommenschaft auch postnatal durch einen Partner (Beistand und Hilfe bei der Aufzucht) die Überlebenschance des Nachwuchses – ihre eigene Fortpflanzungschance – verbessert, entwickelt bindungsfördernde Signale, Strukturen und Mechanismen. Dazu gehören der vom individuellen Alter abhängige Körperbau, durch den anziehende (erotische) Signale gesendet werden, und Verhaltensweisen wie Flirts und so weiter, die zur Bindungsentstehung und Stabilisierung beitragen. Der Mann neigt hingegen mit seiner biologisch dispositionell angelegten Fortpflanzungsstrategie weit mehr zu Partnerwechsel. Beide geschlechtstypischen Verhaltensneigungen lassen sich im Kulturenvergleich als eine sehr ursprüngliche Verhaltensdisposition nachweisen. Interessant ist, daß bei Homosexuellen (Schwulen und Lesben) erstaunlicherweise die geschlechtstypische Disposition nachweisbar bleibt. Bei Schwulen (männlich/männlich) ist ein häufigerer Wechsel des Partners festzustellen. Bei Lesben (weiblich/weiblich) hingegen zeigt sich weit seltener die Neigung, sexuelle Beziehungen zu Fremden einzugehen. So schreibt Symons: »Homosexuelle Männer benehmen sich wie Männer – nur ein bißchen ausgeprägter. Homosexuelle Frauen benehmen sich wie Frauen – nur ein bißchen ausgeprägter« (Symons 1999).

Geschlechtsspezifische und geschlechtstypische Eigenschaften führen zu unterschiedlichen Wertungen und Verhaltensdispositionen bei den Geschlechtern gegenüber biotischen und abiotischen Umweltgegebenheiten sowie in sozialen Interaktionen. W. Wurm (1991) äußert in seiner »Evolutionären Kulturwissenschaft«: »Männlich und weiblich sind gegensätzliche

Tabelle 1: Geschlechtscharaktere von Mann und Frau nach Darstellungen in Lexika sowie in wissenschaftlichem Schrifttum des ausgehenden 18. und des 19. Jahrhunderts (aus: K. Hausen, Die Polarisierung der »Geschlechtscharaktere«, S. 368, nach: Vogel 1992).

Mann	Frau

Bestimmung für
  Außen
  Weite
  Öffentliches Leben
	Bestimmung für
	  Innen
	  Nähe
	  Häusliches Leben

Aktivität
  Energie, Kraft
  Willenskraft
  Festigkeit
  Tapferkeit, Kühnheit
	Passivität
	  Schwäche, Ergebung,
	  Hingebung
	  Wankelmut
	  Bescheidenheit

Tun
  selbständig
  strebend, zielgerichtet, wirksam
  erwerbend
  gebend
  Durchsetzungsvermögen
 	
  Gewalt
  Antagonismus
	Sein
	  abhängig
	  betriebsam, emsig
	
	  bewahrend
	  empfangend
	  Selbstverleugnung, Anpassung
	  Liebe, Güte
	  Sympathie

Rationalität
  Geist
  Vernunft
  Verstand
  Denken
  Wissen
  Abstrahieren, Urteilen
	Emotionalität
	  Gefühl, Gemüt
	  Empfindung
	  Empfänglichkeit
	  Rezeptivität
	  Religiosität
	  Verstehen

Tugend
  Würde
	Tugenden
	  Schamhaftigkeit, Keuschheit
	  Schicklichkeit
	  Liebenswürdigkeit
	  Taktgefühl
	  Verschönerungsgabe

Qualitäten und haben als solche unterschiedliche weltbildkonstitutive Ordnungsfunktionen. Es sind Kategorien der Identitätsbildung von Mann und Frau.« Somit ist auch zu erwarten, daß sich dies in einer dispositionellen Unterschiedlichkeit wahrnehmender, motivationaler und emotionaler, kognitiv wertender und urteilender und schließlich verhaltensgenerierender Funktionen zeigt. Der Begriff der sogenannten Geschlechterrollen umschreibt durchaus das phänotypische Erscheinungsbild, wie es sich in vielfältiger Form in Literatur, Presse und auch Wissenschaft darstellt. Exemplarisch dafür stehen die Geschlechtscharaktere des 18. und 19. Jahrhunderts, die Karin Hausen zusammenstellt (Tab. 1).[1] Aus neuerer Zeit berichtet beispielsweise Tembrock (1992), daß sich bei einer Analyse verhaltenswissenschaftlicher Originalarbeiten eine bemerkenswerte Polarität ergibt, wenn man sie nach dem Geschlecht der Autoren ordnet. Weibliche Autoren bevorzugen im weitesten Sinn »soziale«, männliche hingegen »rationale« Themen. Wenn das auch nur als Hinweis gelten kann, so ist es sicherlich kein Zufall, sondern deutet die Unterschiedlichkeit im »Weltbild« der Geschlechter an.

Zusammenfassend erscheinen drei Aspekte beachtenswert.

Erstens: Die im geschlechtstypischen Verhalten nachweisbaren Unterschiede sind statistische Größen. Wie am Beispiel der Körperhöhe als konstitutionellem Merkmal und an der Aggressivität als verhaltensdispositionellem Merkmal angedeutet, sind Überschneidungen zwischen den Geschlechtern selbstverständlich. Sie zeigen sich je nach metrisch erfaßten Charakteristika mehr oder weniger deutlich. Das Kriterium Geschlecht erklärt dabei eben nur einen Teil der Varianz des entsprechenden Parameters.

Zweitens: In Abhängigkeit von der individuellen Entwicklungsphase haben die die geschlechtsspezifischen und geschlechtstypischen Eigenschaften bestimmenden biologischen Dispositionen unterschiedlichen Einfluß auf die phänotypisch in Erscheinung tretenden Verhaltensunterschiede der Geschlechter.

---

[1] Rachor geht in diesem Band ausführlich auf diese Thematik ein.

Drittens: Verhalten entsteht durch das interaktionale Gefüge von Individuum und Umwelt. Die sich im Verlauf der biologischen und kulturellen Entwicklung des Menschen zunehmend verändernde, komplexer werdende Umwelt des Menschen führt auch zu ständigen Verhaltensvarianten, die immer auch durch die biologisch und/oder kulturell entstandenen geschlechtstypischen Eigenschaften mitbestimmt werden. Damit einher geht auch eine vom Sozialstatus abhängige Komponente der Ausprägung geschlechtstypischer Unterschiede. In der besonders dem Menschen eigenen kulturellen Entwicklung sind biologisch basale Dispositionen nicht aufgehoben, sondern sie werden durch die kulturell gesteigerte Variabilitätsmöglichkeit vielfältiger im phänotypischen Erscheinungsbild, so daß sie mitunter austauschbar erscheinen.

Die kulturelle und mit ihr die wirtschaftlich-technische Entwicklung bringt es offenbar mit sich, daß das heutige gesellschaftlich-technisch-ökonomische Konstrukt die sich aus den männlichen Anlagen ergebenden Dispositionen in besonderer Weise fördernd beeinflußt und daß diese Dispositionen wiederum zur Entwicklung der kulturellen Umwelt besonders beitragen. Vermutlich sind darin auch die Ursachen der Dominanz patriarchalischer Strukturen zu sehen. Selbst wenn auch, je weiter wir unsere Betrachtung in mentale und kognitive Ebenen verlagern, ein stärkeres Überlappen von männlichen und weiblichen Welten wahrscheinlicher wird und die Unterschiede phänotypisch gar nivelliert erscheinen können, sollten wir aus ethischer Sicht immer verpflichtet sein zu fragen, ob sich die rasanten gesamtgesellschaftlichen Veränderungen auch unterschiedlich auf die Geschlechter auswirken. Das Verhalten ist immer das Ergebnis der Interaktion von Individuen und Umwelt und bei einer sich ändernden Umwelt nicht unbedingt voraussagbar.

Literatur

Bishop, K. M.; Wahlsten, D. (1997): Sex differences in Corpus Callosum: Myth or reality? Neuroscience and Biobehavioral Rewiews 21: 581–601.

Bosinski, H. A. G. (1992): Geschlechtlichkeit und Sexualität unter dem Aspekt der Biopsychosozialität des Menschen – Ein Versuch. In: Wessel, K. F.; Bosinski, H. A. G. (Hg.), Interdisziplinäre Aspekte der Geschlechterverhältnisse in einer sich wandelnden Zeit. Bielefeld, S. 121–142.

Darwin, C. (1992): Die Abstammung der Menschen. Wiesbaden. (zuerst 1871).

Giedd, J. N.; Castellanus, F. X.; Rajapakse, A. C.; Vaituzis, A. C.; Rapoport, J. L. (1997): Sexual dimorphism of the developing human brain. Prog. Neuro-Psychopharmacol and Biol. Psychiat. 21: 1185–1201.

Gladue, B. A. (1991): Aggressive behavioral characteristics hormones and sexual orientation in men and women. Aggressive Behavior 17: 313–326.

Grammer, K. (1995): Signale der Liebe. Die biologischen Gesetze der Partnerschaft. München.

Leutenegger, W. (1992): Zur Evolution des menschlichen Geschlechtsdimorphismus anhand fossiler Funde. In: Wessel, K. F.; Bosinski, H. A. G. (Hg.), Interdisziplinäre Aspekte der Geschlechterverhältnisse in einer sich wandelnden Zeit. Bielefeld, S. 62–82.

Morris, D. (1986): Körpersignale: Vom Dekolleté zum Zeh. München.

Symons, D. (1999): The Evolution of Human Sexuality. Oxford.

Tembrock, G. 1992): Zur Funktion geschlechtlicher Unterschiede aus verhaltensbiologischer Sicht. In: Wessel, K. F.; Bosinski, H. A. G. (Hg.), Interdisziplinäre Aspekte der Geschlechterverhältnisse in einer sich wandelnden Zeit. Bielefeld, S. 16–34.

Vogel, C. (1992): Evolutionsbiologische Aspekte der Genese und Funktion geschlechtsdifferenzierter Verhaltensunterschiede. In: Wessel, K. F.; Bosinski, H. A. G. (Hg.), Interdisziplinäre Aspekte der Geschlechterverhältnisse in einer sich wandelnden Zeit. Bielefeld, S. 35–49.

Wickler, W.; Seibt, U. (1998): Männlich weiblich. Ein Naturgesetz und seine Folgen. Heidelberg.

Wickler, W. (1985): Die Natur der Geschlechterrollen – Ursachen und Folgen der Sexualität. In: Luyten, N. A. (Hg.), Wesen und Sinn der Geschlechtlichkeit. Freiburg/München.

Wurm, W. (1991): Evolutionäre Kulturwissenschaft. Stuttgart.

Matthias Israel, Werner Felber, Peter Winiecki

Geschlechtsunterschiede in der parasuizidalen Handlung

Vorbemerkungen

Daß sich Männer etwa doppelt so häufig wie Frauen das Leben nehmen, Frauen dagegen öfter Suizidversuche begehen, ist eine seit Stengel (1964) bekannte Tatsache. Sie wird durch alljährliche Statistiken und epidemiologische Arbeiten stets neu belegt. Auf motivationaler Ebene hieße dies, daß sich Frauen deutlicher der sozialen Funktion des Suizidversuchs bedienen, so wie sie als *cry for help* (Farberow u. Shneidman 1961) oder soziales Alarmsignal (Stengel 1964) in die Suizidliteratur eingegangen ist. Männer dagegen handeln häufiger kompromißlos, lösungsorientiert, vielleicht auch mit geringerer Fähigkeit, sich dem existentiellen Konflikt zu stellen.

In diesem Beitrag soll keine Interpretation dieser Geschlechtsspezifik vorgenommen, vielmehr die Frage untersucht werden, inwieweit die Unterschiede nicht nur den Ausgang der suizidalen Handlung (Tod versus Überleben) betreffen, sondern bereits im parasuizidalen Akt deutlich werden.

Untersuchungsstichprobe

Die untersuchte Stichprobe umfaßt 1835 Patienten und Patientinnen nach Suizidversuch, die in der Betreuungsstelle für Suizidgefährdete in Dresden behandelt wurden. Da wir alle Parasuizidenten zugewiesen bekommen, die in einer medizinischen

Hochschuleinrichtung mit sämtlichen Fachrichtungen aufgenommen werden, ist die ganze denkbare Breite parasuizidaler Handlungen vertreten. Es handelt sich also um eine unselektierte heterogene Ausgangspopulation. Für sie wurden mittels eines EDV-gestützten Erfassungsbogens vielfältige epidemiologische, klinische und suizidologische Merkmale, insgesamt 180 Items dokumentiert. Sämtliche im folgenden dargestellten Ergebnisse entsprechen einem Signifikanzniveau von höchstens fünf Prozent Irrtumswahrscheinlichkeit.

Ergebnisse

Objektive Gefährdungsmerkmale

– Zur eingesetzten Methode des Parasuizids (Abb. 1): Frauen nehmen häufiger Medikamente ein, während Männer »härtere« Methoden bevorzugen.

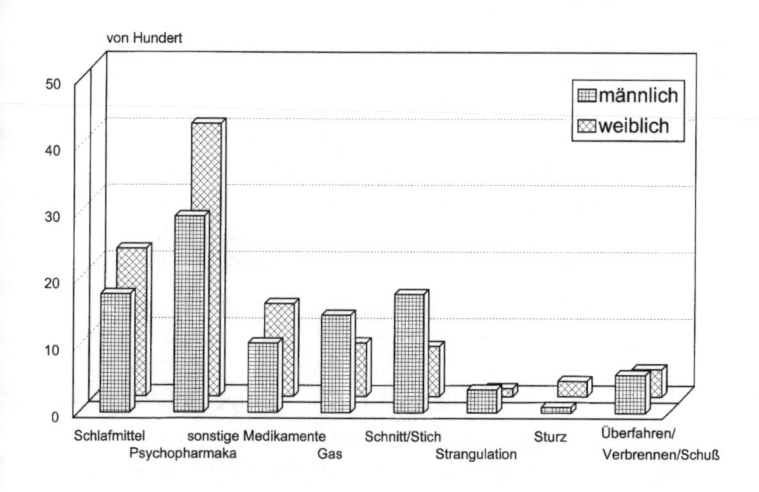

Abbildung 1: Methoden des Parasuizids

- Zur besseren Vergleichbarkeit dieses ordinalen Merkmals haben wir rangskaliert eine Methodeneinschätzung (Abb. 2) vorgenommen, die den Grad der Destruktivität gegenüber dem eigenen Körper kennzeichnet. Den Körper *nichtdesintegrierende* Methoden umfassen insbesondere die Intoxikationen, *teilweise desintegrierend* rekrutiert sich aus oberflächlichen Schnitten, Strangulationen und Gasinhalationen, während *desintegrierend* deutliche Verletzungen oder gar Verstümmelungen charakterisiert (tiefe Schnitte mit Sehnen-, Gefäß- oder Nervenverletzungen, Sturz, Überfahren, Verbrennen, Schuß). Männer verletzen nun deutlicher ihre körperliche Integrität – und das als kontinuierliche Eigenschaft, da die Einschätzung der anamnestisch erhobenen Parasuizide gleichsinnige Resultate zeigt.

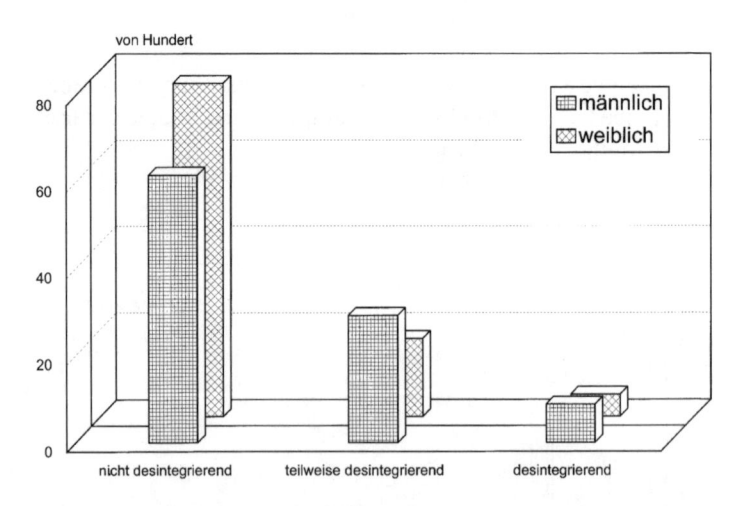

Abbildung 2: Methodeneinschätzung des Parasuizids

- Die objektive Gefährlichkeit (Abb. 3), eine Schätzskala in drei Stufen, geht vom Grad der Gefährdung ohne ärztliche Hilfe aus. Auch hier setzen sich Männer häufiger einer bedingten oder echten Lebensgefahr aus.
- Häufig eher vorbewußt einkalkulierte Hilfsmöglichkeiten sind für den Ausgang des Suizidversuchs von wesentlicher Bedeutung. So wird nach vollzogener Suizidhandlung die

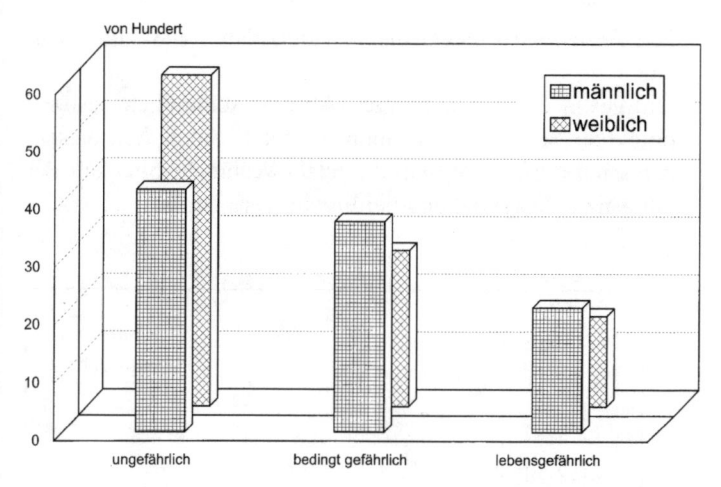

Abbildung 3: Objektive Gefährlichkeit des Arrangements

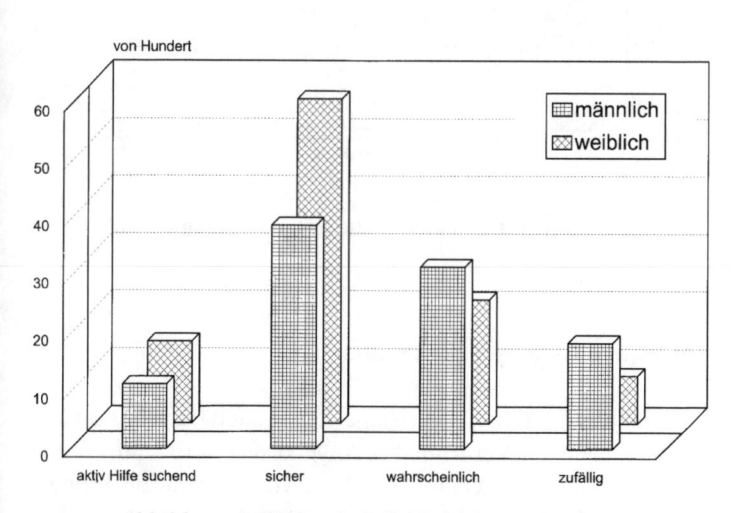

Abbildung 4: Wahrscheinlichkeit des Auffindens

Wahrscheinlichkeit des Auffindens (Abb. 4) zum objektiven Gradmesser dafür, ob und wie schnell Hilfe möglich ist. Es zeigt sich wiederum die konsequentere Handlungsweise der Männer, während Frauen eher eine Rettung zulassen. Dieses Merkmal läßt mit Spezifität für das weibliche Geschlecht an

den *Beziehungsaspekt* einer parasuizidalen Handlung denken.
- Die gesundheitlichen Folgen (Abb. 5) schließlich besitzen objektive somatische Demonstrabilität. Auch bei diesem Merkmal ergibt sich, daß die letale Wahrscheinlichkeit der parasuizidalen Handlung bei Frauen geringer ist.

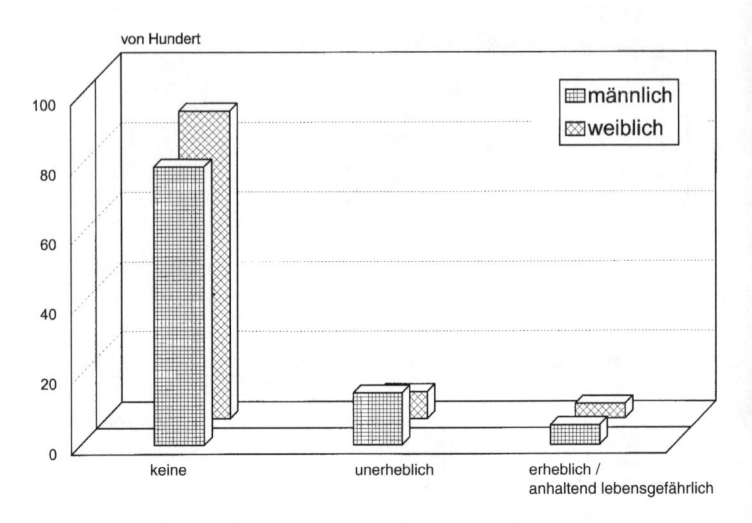

Abbildung 5: Gesundheitliche Folgen des Parasuizids

Subjektive Gefährdungsmerkmale

- Beim *Motiv* (Abb. 6) überwiegen bei Frauen Beziehungskonflikte, auch der Verlust naher Angehöriger wird häufiger zur Ursache eigener Lebensmüdigkeit. Männer sind für Probleme auf der Leistungsebene, hinsichtlich gesellschaftlicher Wertung und Anerkennung empfindlicher, wie Überrepräsentationen beim beruflichen Konflikt und der Angst vor Schande und Bestrafung zeigen.
- In die subjektive Ernsthaftigkeit der Tötungsabsicht (Abb. 7) als ebenfalls wichtiger Gradmesser der letalen Wahrscheinlichkeit gehen insbesondere der Wunsch zu sterben und die subjektive Einschätzung des Sterberisikos ein. Auch hier

zeigt sich, daß Männer signifikant häufiger ernsthaft den Tod anstreben.

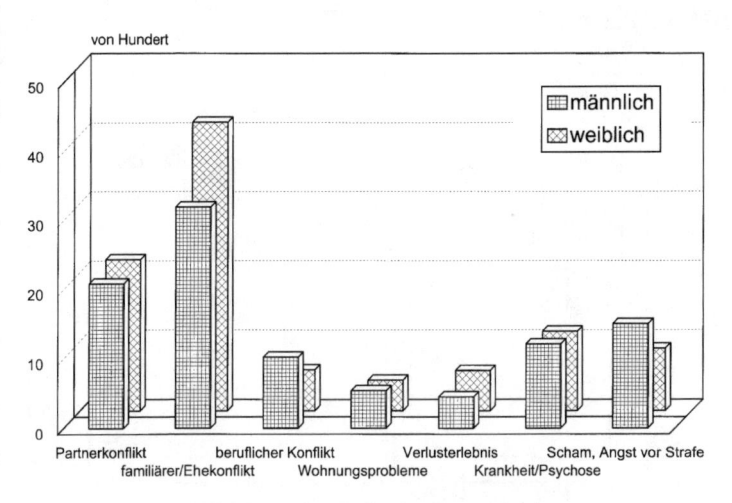

Abbildung 6: Motiv des Parasuizids

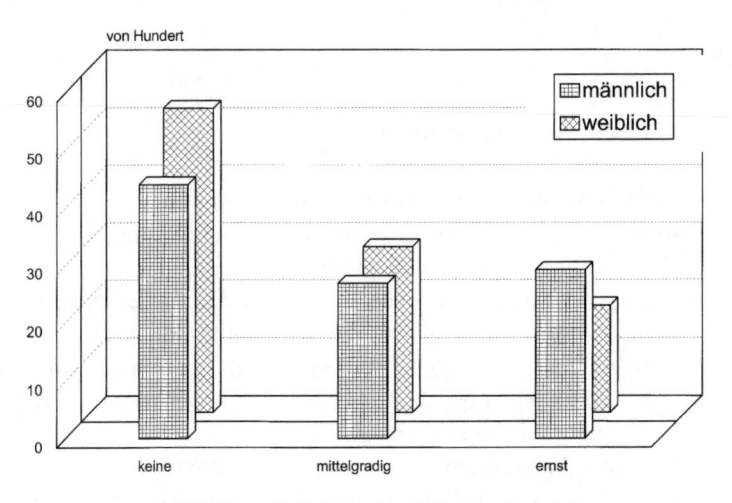

Abbildung 7: Subjektive Tötungsabsicht

- Gleichartige Verhältnisse finden sich bei der Kommunikationseinschätzung (Abb. 8). Männer suchen den Tod kompromißloser, bei Frauen steht erneut der Beziehungsaspekt im Vordergrund.

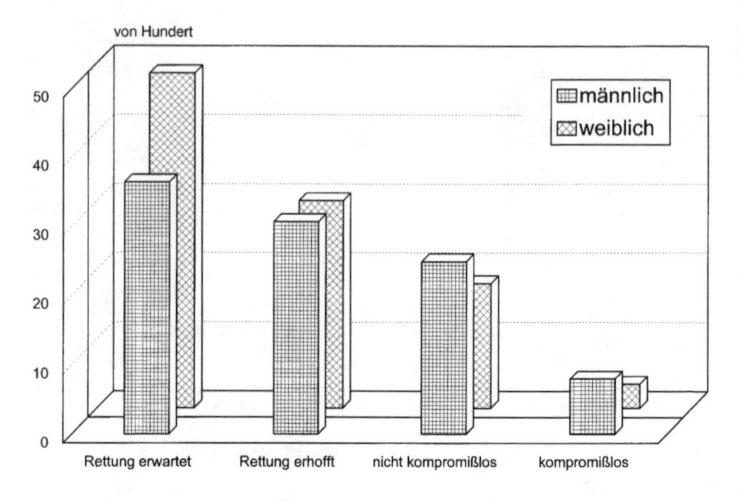

Abbildung 8: Kommunikationseinschätzung

Psychische Situation der Parasuizidenten

- Zum Zeitpunkt des Suizidentschlusses sind Männer häufiger *alkoholisch beeinträchtigt* (Abb. 9), ein Befund, der für den Zeitpunkt der Suizidhandlung repliziert wird.
- Im *psychischen Befund* (Abb. 10), vom Untersucher im Erstkontakt erhoben und auf die Zeit der Motivbildung extrapoliert, zeigen sich Männer öfter psychopathologisch auffällig, bei Erkrankungen psychotischer Qualität differieren die Geschlechter nicht signifikant.
- Im Erhebungszeitraum wurden die *psychiatrischen Diagnosen* (Abb. 11) nach ICD-9 gestellt. Die abnormen Reaktionen entsprechen am ehesten der akuten Belastungsreaktion beziehungsweise den Anpassungsstörungen. Hier sind Frauen überrepräsentiert. Abnorme Persönlichkeiten, nach ICD-10

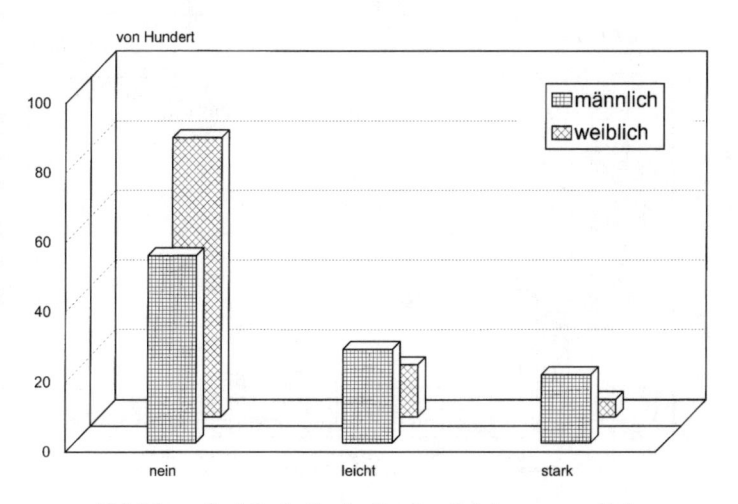

Abbildung 9: Alkoholische Beeinträchtigung zur Zeit des Suizidentschlusses

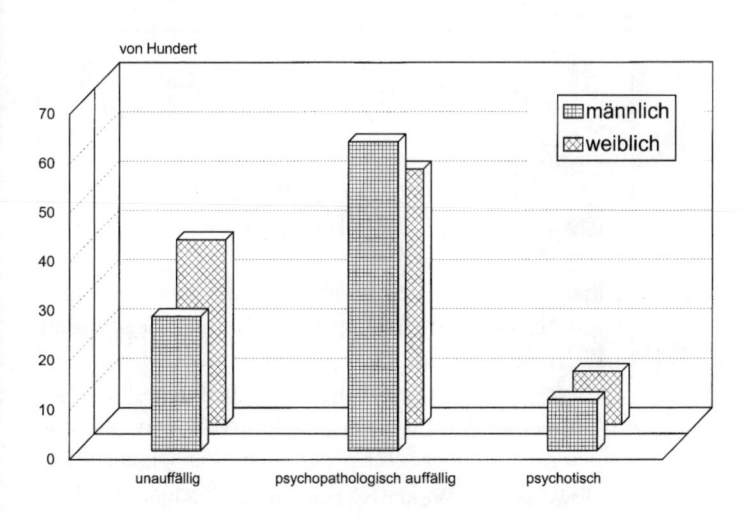

Abbildung 10: Psychischer Befund (auf die Zeit der Suizidmotivbildung extrapoliert)

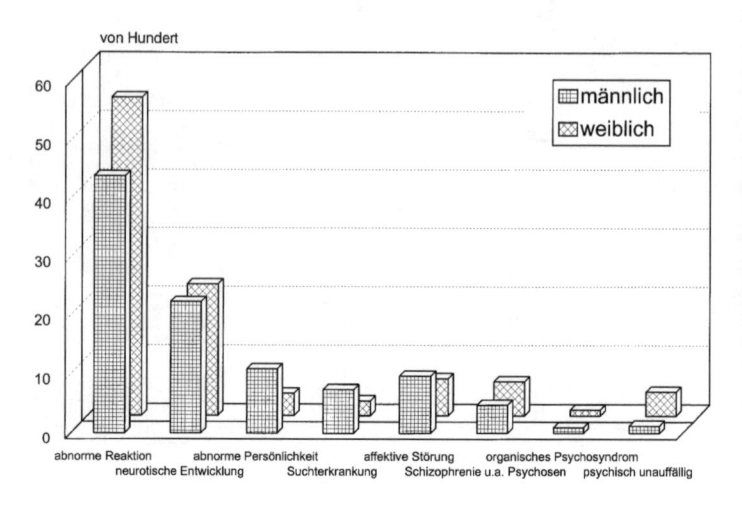

Abbildung 11: Psychiatrische Diagnose (ICD-9)

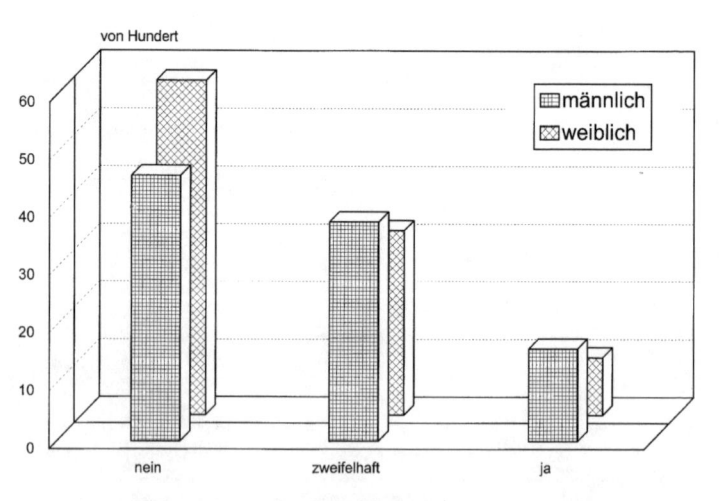

Abbildung 12: Weiter bestehende Suizidalität

die eigentlichen Persönlichkeitsstörungen, und Suchterkrankungen wurden signifikant häufiger bei Männern diagnostiziert.

– Männer werden öfter zu Beginn der Krisenintervention *weiter suizidal* eingeschätzt (Abb. 12). Die häufig beobachtete Distanzierung von der suizidalen Intention nach Rettung und Kontaktaufnahme trifft mehr für Frauen zu, was wiederum auf den Beziehungsaspekt hinweist.

Typologie des Parasuizids

Das Geschlechtsverhältnis der Parasuizidtypen nach Felber (1993) weicht signifikant von der erwarteten Verteilung ab (Abb. 13). Beim appellativen Typ überwiegen überzufällig Frauen, während beim ambivalenten, desperativen und dranghaften Typ mit ansteigender Tendenz Männer überrepräsentiert sind.

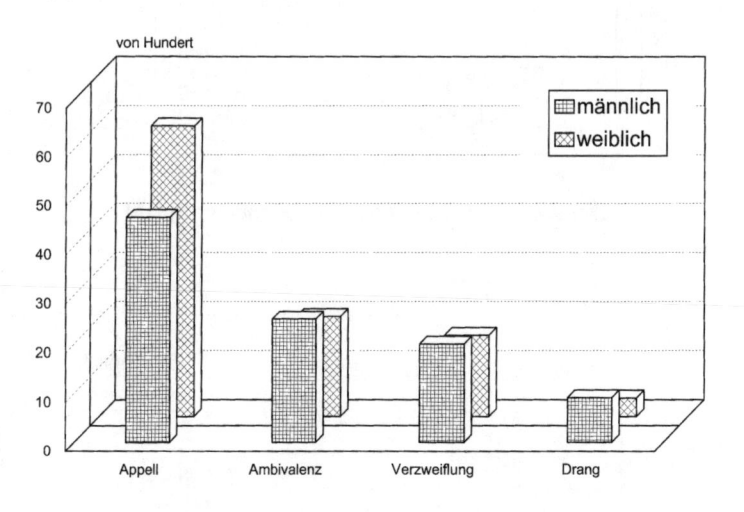

Abbildung 13: Typologie des Parsuizids

Katamnestische Ergebnisse

Bei den hier eingegangenen 145 katamnestisch ermittelten Suiziden nach Parasuizid (Abb. 14) ergibt sich eine hochsignifikante Geschlechtsdifferenz, erwartungsgemäß sind Männer doppelt so häufig betroffen wie Frauen. Chronische Suizidalität (Abb. 15) im Sinn erneuten unspezifischen selbstbeschädigenden Verhaltens (nichtletalen Ausgangs) wurde bei der katamnestischen Untersuchung signifikant häufiger bei Frauen festgestellt.

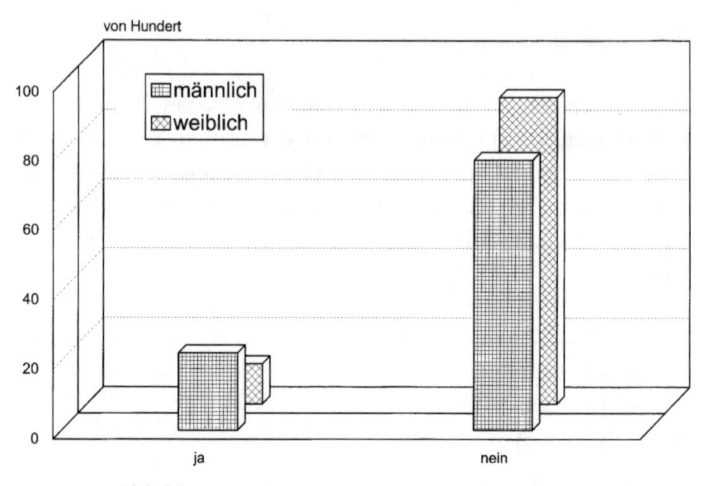

Abbildung 14: Katamnese – vollendeter Suizid

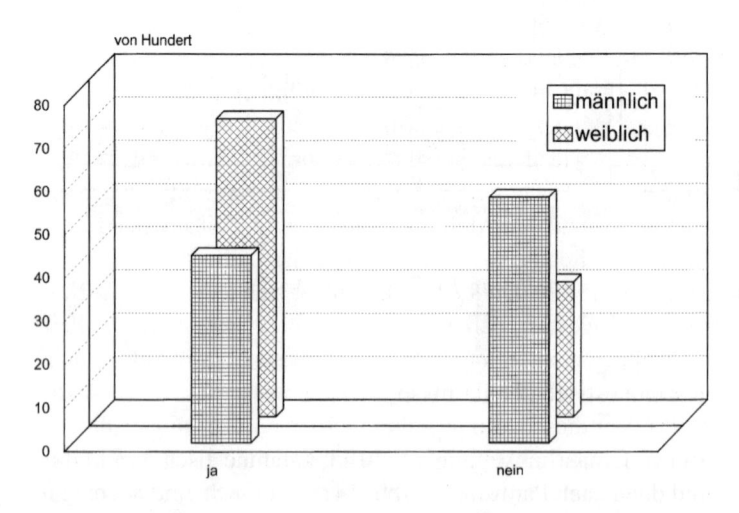

Abbildung 15: Katamnese – chronische Suizidalität

Diskussion

Geschlechtsunterschiede finden sich im reziproken Verhältnis zwischen Suizid und Parasuizid, also in der differierenden Häufigkeit letaler Ausgänge suizidaler Handlungen. Diese Tatsache ist bereits in den siebziger Jahren in epidemiologischen Untersuchungen für verschiedene Länder nachgewiesen worden (Kreitman 1980). Für die vollendeten Suizide wird sie anhand der amtlichen Todesursachenstatistiken in jedem Jahr repliziert. So betrug die Suizidziffer in der BRD im Jahr 1997 für Männer 22,09/100 000, für Frauen 8,13/100 000 Einwohner (Zahlen des Statistischen Bundesamts). Aktuelle Daten zu Parasuiziden liegen aus dem deutschen Erfassungsgebiet der »WHO/EURO Multicentre Study on Parasuicide« für den Zeitraum von 1989–1996 vor (Schmidtke et al. 1994). Danach liegt der Anteil der Männer an den erfaßten Selbsttötungsversuchen bei 39 Prozent. Die auf der Basis der WHO-Stichprobe geschätzten Suizidversuchsziffern für die BRD im Jahr 1996 liegen bei 122/100 000 Männer sowie 147/100 000 Frauen. Es ergibt sich ein Verhältnis Suizid zu Suizidversuch von 1 : 5 bei Männern und 1 : 15 bei Frauen. In der Quintessenz sind weibliche Jugendliche und junge Frauen besonders gefährdet, Suizidversuche zu begehen (Schmidtke et al. 1998).

Doch auch innerhalb der Gruppe der Parasuizidenten finden sich geschlechtsspezifische Besonderheiten, wie vorliegende Untersuchung belegt. So erweist sich die parasuizidale Handlung des Mannes als ernsthafter, hinsichtlich objektiver Kriterien ebenso wie unter Berücksichtigung subjektiver Einschätzungen. Zur Frage der Ernsthaftigkeit in Kausalität zur angewandten suizidalen Methode sind längere Zeit uneinheitliche Befunde erhoben worden (zusammengestellt bei Bürk und Möller 1985). In den letzten Jahren hat sich jedoch die Auffassung durchgesetzt, daß aus der Beurteilung der Methode allein nicht auf die intentionale Ernsthaftigkeit des Suizidversuchs geschlossen werden darf (neuere Ergebnisse bei Nielsen et al. 1995). Vor diesem Hintergrund wurden darüber hinaus die objektive Gefährlichkeit, die Wahrscheinlichkeit des Auffindens und die gesundheitlichen Folgen der suizidalen Handlung verglichen. In allen Aspekten waren Männer höher gefährdet. Bei der (para)suizidalen Methode überwogen bei den Frauen Tablettenintoxikationen als sogenanntes weiches Mittel, während Männer härtere, die körperliche Integrität verletzende Methoden bevorzugten. In der von Schmidtke et al. (1994) untersuchten WHO-Stichprobe finden sich gleichsinnige Resultate: Frauen vergiften sich häufiger als Männer (70 vs. 50 Prozent aller Suizidversuchsmethoden), Männer schneiden öfter (24 vs. 17 Prozent).

In vorliegender Untersuchung ließ sich im Arrangement der suizidalen Handlung bei Frauen deutlicher eine strategische Funktion im Beziehungskontext abbilden. Dies wird unter anderem in der Kommunikationseinschätzung deutlich: Frauen erwarten eher Rettung, während Männer den Tod kompromißloser suchen. Auch überwiegen in der Differentialtypologie nach Felber (1993) Männer überall dort, wo ein höherer todesstrategischer Einsatz als die soziale Funktion des Appells erfolgt. Henseler (1974) versucht dieses Phänomen so zu deuten, daß dem Mann ein appellatives Verhalten in unserer Gesellschaft weniger gestattet erscheint als der Frau, die sich eher hilfsbedürftig und schwach zeigen darf – eine Überlegung, die auch heute noch Bestand haben dürfte. Hier läßt sich auch die von uns gefundene motivationale Geschlechtsspezifik einordnen, nach der Frauen eher in Beziehungskonflikten parasuizidal reagieren, während Männer auf der Leistungsebene und hinsichtlich gesellschaftlicher Anerkennung sensibler sind.

Psychisch erkrankte Menschen unterliegen einem erhöhten Risiko, suizidale Handlungen zu begehen. Bei den Suizidversuchen dominieren Anpassungs- und Persönlichkeitsstörungen (Mehlum et al. 1994; Schmidtke et al. 1994; Soloff et al. 1994). Suchtkrankte sind sowohl hinsichtlich vollendeter Suizide als auch bei Selbsttötungsversuchen häufig betroffen (Schmidtke et al. 1998). In den letzten Jahren wurde ein deutlich erhöhtes Risiko von Suizidversuchen bei Vorliegen von Komorbidität psychischer Störungen erkannt (Bronisch u. Wittchen 1994). Bei Frauen werden nun größere Anteile neurotischer und Persönlichkeitsstörungen berichtet, während Suizidversuche bei Alkoholikern eher auf Männer zutreffen. Diese Befunde werden in der vorliegenden Untersuchung repliziert mit der Ausnahme, daß die Diagnose der Persönlichkeitsstörung hier bei

Männern häufiger anzutreffen ist. Dabei muß beachtet werden, daß es sich in einem langen, bis zu dreißig Jahren zurückliegenden Erhebungszeitraum zunächst größtenteils um (männliche) dissoziale Psychopathen handelte, während sich die Diagnose der Borderline-Persönlichkeitsstörung erst allmählich durchsetzte.

Der katamnestische Teil der Untersuchung schließlich bestätigt die signifikant höhere Gefahr für Männer, ein tödliches Rezidiv zu erleiden, während Frauen häufiger chronische Suizidalität bescheinigt werden muß. Damit läßt sich der Kreis schließen zu den ursprünglichen Befunden über das reziproke Verhältnis der Geschlechter zwischen vollendetem Suizid und Suizidversuch. Daß sich aber bereits die Anlage zum parasuizidalen Akt als Funktion der parasuizidalen Intention von Mann zu Frau unterscheidet, ist hier die wesentliche Schlußfolgerung.

Literatur

Bronisch, T.; Wittchen, U. (1994): Suicidal ideation and suicide attempts: Comorbidity with depression, anxiety disorders and substance abuse disorder. Eur. Arch. Psychiat. clin. Neurosci. 244: 93–98.

Bürk, F.; Möller, H.-J. (1985): Prädiktoren für weiteres suizidales Verhalten bei nach einem Suizidversuch hospitalisierten Patienten. Eine Literaturübersicht. Fortschr. Neurol. Psychiat. 53: 259–270.

Farberow, N. L.; Shneidman, E. S. (1961): The Cry for Help. New York.

Felber, W. (1993): Typologie des Parasuizids – suizidale Gefährdung, taxonomische Auswirkung, katamnestisches Ergebnis. Regensburg.

Henseler, H. (1974): Narzißtische Krisen – Zur Psychodynamik des Selbstmords. Reinbek.

Kreitman, N. (1980): Die Epidemiologie von Suizid und Parasuizid. Nervenarzt 51: 131–138.

Mehlum, L.; Friis, S.; Vaglum, P.; Karterud, S. (1994): The longitudinal pattern of suicidal behaviour in borderline personality disorder: A prospective follow-up study. Act. Psychiat. Scand. 90: 124–130.

Nielsen, A. S.; Stenager, E.; Bille-Brahe, U. (1995): Attempted suicide, suicide intent, and alcohol. Crisis 14: 32–38.

Schmidtke, A;, Fricke, S.; Weinacker, B. (1994): The epidemiology of attempted suicide in the Würzburg area, Germany 1989–1992. In: Kerkhof, A. J. F. M.; Schmidtke, A.; Bille-Brahe, U.; DeLeo, D.; Lönnqvist, J. (Hg.), Attempted Suicide in Europe. Leiden, S. 159–174.

Schmidtke, A.; Weinacker, B.; Fricke, S. (1998): Epidemiologie suizidalen Verhaltens. Münch. med. Wschr. 140 : 38–42.

Soloff, P. H.; Lis, J. A.; Kelly, T.; Cornelius, J.; Ulrich, R. (1994): Risk factors for suicidal behaviour in borderline personality disorder. Am. J. Psychiat. 151: 1316–1323.

Stengel, E. (1964): Suicide and Attempted suicide. Harmondsworth.

Der weibliche Suizidversuch

Christina Rachor

Der »weibliche Suizidversuch«

Geschlechterstereotypen und suizidales
Verhalten von Mann und Frau

I.

Ausgehend vom statistischen Sachverhalt des unterschiedlichen suizidalen Verhaltens von Mann und Frau, stellt sich die Frage, warum Frauen neuerdings, also etwa seit Ende des Zweiten Weltkriegs, so häufig suizidal, vor allem aber mit einem Suizidversuch reagieren.[1]

Meine These dazu ist, daß auch im suizidalen Geschehen Geschlechterstereotypen einwirken, das heißt gängige Vorstellungen, was weiblich und was männlich ist oder wie eine Beziehung zwischen Mann und Frau sein soll – einerseits. Andererseits ist zu vermuten, daß die elementare Veränderung der weiblichen Geschlechtsrolle einen entscheidenden Einfluß auf das suizidale Geschehen hat. Um meine These zu belegen, wähle ich folgende Zugangsweisen. Ich versuche zu zeigen, daß
- der Suizidversuch als »modernes« soziales Verhaltensmuster weiblich attribuiert ist, also Merkmale des gängigen Weiblichkeitsstereotyps aufweist;
- die seit etwa Ende des Zweiten Weltkriegs aufkommende soziale Bedeutung »Appell« für den Suizidversuch ebenso durch eine weibliche Geschlechtssemantik geprägt ist;
- sowohl das Verhaltensmuster Suizidversuch als auch sein Bedeutungstyp Appell, die wir als neuzeitliche Interaktions- und Kommunikationsmodi einstufen, Implikationen eher sogenannter weiblicher Erfahrungen, Einstellungen und Orientierungen hat. Hiermit meine ich Bezogenheit und Bezie-

hungsneigung, Fürsorglichkeit und Verantwortlichkeit vor allem für andere und für Beziehungen. Dies ist unabhängig davon, ob diese sozial erworben, erzwungen, zum Weiblichen als genuin zugehörig oder aus der psychosexuellen Entwicklung erklärt werden. Tatsache ist, daß ein solches Verhalten von Frauen mehr als von Männern erwartet wird und viele Frauen sich entsprechend verhalten. Damit ist übrigens nicht gesagt, daß Männer nicht auch solche Verhaltensweisen haben können.

In diesen Argumentationsstrang eingelassen ist die Reflexion über derzeitige Probleme und Konflikte von Frauen aufgrund des Wandels der weiblichen Geschlechtsrolle. Dabei kommt es mir darauf an, übereinstimmende Merkmale des sozial weiblich typisierten Suizidversuchs mit der weiblichen Existenzweise und dem Weiblichkeitsstereotyp aufzuzeigen, da ich annehme, daß diese Übereinstimmung ein wichtiger Hinweis darauf ist, weswegen Frauen eher als Männer zu einem Suizidversuch greifen und die Suizidversuchsrate von Frauen gestiegen ist. Zum Abschluß möchte ich anhand Henselers (1974) Untersuchung exemplarisch Fragen an das Verhalten der Partner der Suizidantinnen formulieren, die Aufschluß über das jeweilige Interaktionsgeschehen innerhalb einer solchen Beziehung geben könnten und die meiner Ansicht nach in der genannten Untersuchung zu kurz gekommen sind. Wenn wir nämlich davon ausgehen, daß, wie die Suizidforschung weithin belegt hat, Suizidversuche sich vor allem prekärer Beziehungen verdanken und die Partner selbst häufig äußerst problematisch (Canetto 1992; Rachor 1996), gar suizidal sind, dann muß die Dynamik eines solchen Geschehens hin zum Suizidversuch auch unter dem Gesichtspunkt des Partnerverhaltens unter geschlechtsspezifischen Gesichtspunkten beleuchtet werden. Denn auch im konkreten Beziehungsverhalten von Mann und Frau wirken Orientierungen, die sich aus den Geschlechterstereotypen ableiten, jedoch durch den Wandel der Weiblichkeitsrolle auch in Frage gestellt werden. Indes, auch der Forscherblick und der theoretisierende Geist unterliegen den Fallstricken der Geschlechterstereotypen und der epistemologischen Sonderstellung männlicher Erfahrung (z. B. Broverman et al.

1972, 1981; Benhabib 1989). Denn bei aller Feinsinnigkeit des methodischen Zugangs, des gewählten Theorierahmens und der Interpretationsleistung haften jene, trotz einer Vielzahl gegenteiliger Erkenntnisse, bis heute an herkömmlichen Vorstellungen über das Verhalten von Mann und Frau und lassen dabei wichtige Fragen ungestellt. Das liegt auch daran, daß die Orientierungstheorien und Orientierungshypothesen selbst an der Norm des Verhaltens, der Erfahrung, der Lebenswelt und der Existenzweise von Männern ausgerichtet sind (Rachor, in Vorb.; Gerisch 1998). Ausgeblendet wird, daß Angehörige der dominanten Gruppe die Möglichkeit zur Durchsetzung von Projektionen eigener Ängste und Unsicherheiten und zur Delegation haben, Männer also generell die Verarbeitung psychischer Konflikte an Frauen abschieben (können) (Rommelspacher 1997).

Ich gehe nicht davon aus, daß all diese Prozesse und Vorgänge nur bewußter Art sind. Ebenso ist damit nicht gemeint, daß alle Frauen und Männer sich so verhalten, wie ich es hier versuche, typisiert darzustellen; und auch ist nicht gemeint, daß alle Beziehungen zwischen Mann und Frau solche Probleme aufweisen beziehungsweise dem hier vorgestellten Muster folgen. Um was es hier geht, sind die Ideal- und Wertvorstellungen einer Gesellschaft, die vorgeben, was männlich und weiblich ist und entsprechende Verhaltenserwartungen daran knüpfen, denen Männer und Frauen größtenteils folgen. Diese Vorstellungen und Erwartungen wiederum unterliegen auch weiterhin, trotz sozialer Verbesserung für Frauen, einer Frauen beungünstigenden Geschlechterhierarchie, die sich durch fast alle gesellschaftlichen Institutionen, Bereiche und Diskurse zieht. Sie nehmen auf die Identitätsfindung von Frauen Einfluß und prägen deren Selbst- und Lebensgefühl teilweise so nachhaltig, daß sich für diese oft eine Situation großer Unausweichlichkeit stellt. Diese stellt sich auch dann noch, wenn Frauen ihre individuellen psychischen Probleme etwa therapeutisch bearbeiten, so daß diese »bewußte« Anpassung an die Forderungen der Geschlechterordnung auch »bewußtes Leid« (Adorno) bedeuten kann.

Wenn Männer mit einem Suizidversuch reagieren, dann folgen sie womöglich ebenso sogenannten weiblichen Orientierungen, was ein Großteil Männer aus Henselers Untersuchung zu bestätigen scheint. Diese hatten ähnlich vieler dieser Frauen blumige Vorstellungen von exklusiver Partnerschaft und Liebe sowie extreme Nähebedürfnisse. Ihr psychischer Konflikt drehte sich um ein »Akzeptiertsein schlechthin«. Dieser Einstellungs- und Verhaltenskomplex ist normalerweise mehr mit Weiblichkeit und Frauen assoziiert. Es gibt ja den berühmten Satz: »Wenn eine Frau liebt, liebt sie immer. Ein Mann hat zwischendrin zu tun« (Luhmann 1982, S. 204; Rohde-Dachser 1991, S. 218f.). Wir können aber auch Jürgen Kinds (1992) Ergebnisse heranziehen, der von einer Objektsicherung und Objektmanipulation als psychische Funktion eines suizidalen Akts spricht, was eher dem Weiblichkeitsbild entspricht, dennoch hier auf Männer mit einem Suizidversuch zutrifft. So meint Rosenthal (1981), daß »weiblich« identifizierte Jungen eher zu einem Suizidversuch neigen als »männlich« identifizierte Mädchen.

Beim folgenden Versuch, in soziologischer Perspektive aufzuzeigen, daß der Suizidversuch und seine soziale Bedeutung »Appell« weiblich attribuiert sind, werden klinische Befunde nicht eigens aufgegriffen oder als solche bewertet. Sie gehen in die Charakterisierung von Struktureigenschaften des Suizidversuchs ein.

Dazu eine Vorbemerkung: Geschlechterstereotypen haben für die Mitglieder der Gesellschaft handlungsanleitende und orientierende Wirkung. Sie prägen unsere Wahrnehmung, Erfahrung, Einstellungen, Einschätzungen und Verhaltensweisen. Das gilt für das Alltagsverständnis ebenso wie für wissenschaftliche Sachverhalte und der daraus abgeleiteten Praxis. Allgemein jedoch zeichnen sich die Geschlechterstereotypen dadurch aus, daß das Männlichkeitsbild komplementär-hierarchische Eigenschaften aufweist, also nicht nur zum Weiblichkeitsbild ergänzende, sondern in der gesellschaftlichen Wertung übergeordnete, folglich die besseren Eigenschaften. Wie eine internationale Forschung bestätigt, gelten Frauen eher als passiv, angepaßt, abhängig, unterordnend, masochistisch, narzißtisch, emotional, subjektiv und weniger als rational, logisch, autonom, durchsetzungsfähig, kompetent, zielstrebig, ergeizig und vieles mehr. Nach der Positivversion des Eigen- wie

Fremdstereotyps sind Frauen freundlich, verbindlich, sensibel, einfühlsam, altruistisch, ausgleichend, was im Prinzip fast auf das gleiche hinausläuft. Männer werden mehr als rational, logisch, autonom, objektiv, emotional kontrolliert und unabhängig, als dominant, aggressiv, selbstbehauptend und zielstrebig eingestuft. Eine »feminine« Frau muß folglich auch heute noch entsprechende Merkmale aufweisen. Tut sie dies nicht, ist sie, wie Umfragen ergeben, eine Ziege, Nutte, Lesbe oder Emanze (Barth 1989). Wir können annehmen, daß nicht nur aufgrund einer langen Tradition dieser Stereotypen, sondern auch weiterhin aufgrund enormen gesellschaftlichen Drucks Frauen mehr oder weniger bewußt solche Eigenschaften übernehmen. Und wir können zusätzlich annehmen, daß sie in dilemmatischen Situationen eher weiblich attribuierte Verhaltensmuster wählen. Das scheint auch beim Suizidversuch zuzutreffen.

II.

Alltagsverständnis, klinische Beschreibungen, wissenschaftliche Forschung und die tatsächliche Durchführung der Handlung ergeben ein Bild des Suizidversuchs, das diesen im ersten Schritt als einen defizienten Modus charakterisiert. Obwohl unter der Perspektive seiner Funktion und seiner sozialen wie individuellen Folgen auch andere Eigenschaftsmerkmale zutage treten, ist eine solche Charakterisierung nicht einfach falsch. Vielmehr dienen diese Merkmale dazu, daß es bei einem Suizidversuch, also beim Überleben der Betreffenden, bleibt. Die Frage ist allerdings, wie diese bewertet werden.

Pointiert gesagt: Der Suizidversuch gilt als eine Handlung, die spontan, übereilt, ungeplant, überstürzt, unbedacht geschieht, was vielfach ja auch der Fall ist. Sie gilt als unvollständig, inkonsequent, halbherzig, mißlungen, unernst und das vor allem gemessen an der Norm des gelungenen, ernsthaften und konsequenten Suizids, also eines Verhaltensmusters, das schon allein von daher sozial männlich typisiert ist und von dem erwartet wird, daß ihn eher Männer bevorzugen.[2]

Natürlich ist es in der Suizidforschung mittlerweile üblich, den Suizidversuch nicht einfach als mißlungen oder unernst, gar als Trick hinzustellen, sondern als ein ernstzunehmendes Verhalten und als ein eigenständiges, vom Suizid unabhängiges Verhaltensmuster. Und trotzdem sind wir immer wieder damit konfrontiert, daß sowohl im Alltagsverständnis als auch in Theorie und Praxis eine solche Einstellung eine Rolle spielt. Wie sonst erklären sich die von betreuerischem und medizinischem Personal vorgenommenen Einschätzungen (z. B. Reimer 1982) oder die Alltagsmeinung vieler Personen, daß man es doch eigentlich mit einem Suizidversuch nicht so ernst meine und dies vor allem bei Frauen der Fall sei (z. B. Wiendieck 1972)? Denn Frauen, so die geläufige, auch wissenschaftliche, Auffassung, wollen doch eigentlich nur ein Signal und andere unter Druck setzen. Das trifft ja auch in gewisser Weise zu. Der Suizidversuch erscheint als die weniger selbständige, autonome Handlung, denn erstens wird er als Reaktion – also eben nicht als eigenständige Handlung – auf eine prekäre Situation eingestuft, daher als abhängig von ihr, und zweitens erscheint er deswegen als weniger autonom, da sein nichtletaler Ausgang von der Intervention beziehungsweise Hilfe anderer abhängig ist. Der Suizid dagegen braucht, um ein Suizid zu sein, nicht die Hilfe anderer. Außerdem erscheint der Suizidversuch als unlogisch und irrational. Und das wiederum, weil mit einer letal beziehungsweise suizidal intendierten Handlung überlebt wird, dies von den Betreffenden teilweise sogar erwartet und antizipiert wird. Wohlgemerkt, es handelt sich dabei nicht nur um vollbewußte Vorgänge oder Deutungen der Betreffenden. Denn in der Regel sind Suizidversuche von tiefem Leid und vielfältigen Nöten diktiert, von Zerrissenheit und scheinbar unauflösbaren Verstrickungen, wobei der suizidale Impuls im Vordergrund steht, was auch von Außenstehenden so beurteilt wird. Dennoch: Zwar sind diese Aspekte in den Suizidversuch eingelassen, doch gerade bei ihm, und damit mehrheitlich bei Frauen, werden sie immer wieder zur meist negativen Bewertung abgerufen, vor allem wenn die physische Gefährdung gering ist (Kneissl 1984).

Die genannten Struktureigenschaften des Suizidversuchs als Appell sind aber auch solche, die zugleich im Weiblichkeitsklischee vorkommen. Vereinfacht gesagt: Frauen handeln eben nicht so rational, logisch, konsequent und ernsthaft. Männer wiederum nicht so emotional, irrational und inkonsequent. Betrachten wir aber den Suizidversuch als einen eigenständigen, vom Suizid unabhängigen Verhaltenstypus, dann zeigt sich nochmals anderes, nämlich die Verkehrung dieser Weiblichkeitsmerkmale. Denn unter der Bedingung, daß mit einem Suizidversuch tatsächlich Veränderungen und Verbesserungen, zumindest aber Hilfe, Aufmerksamkeit und Zuwendung erreicht werden können (bereits Bappert 1965), ist dieser logisch, im Sinn Baechlers (1981), nämlich die logische Lösung für ein Problem. Und er ist rational in dem Sinn, als er Mittel zum Zweck, also eine zweckrationale Handlung ist. In diesem Licht besehen ist der Suizidversuch jetzt durchaus konsequent, vollständig, ernsthaft, rational. Und er ist insofern eine autonome Handlung, als die Betreffenden nicht mehr auf alte Kommunikations- und Interaktionsmuster setzen, die ihnen offenbar nicht zur Durchsetzung ihrer Wünsche und Anliegen verhalfen. Das ist unabhängig davon, ob die Betreffenden dies aus Unfähigkeit nicht konnten, oder weil die Situation kaum eine andere Möglichkeit zuließ. Tatsache ist, so wie sie sich verhalten und kommuniziert haben und so wie die Situation war, gab es für sie zum Suizidversuch subjektiv keine Alternative. Und er ist zugleich in dem Sinn autonom, als er in Gestalt eines eigenständigen Verhaltens- und Handlungstyps den Ausgang der Handlung offenläßt, also sozusagen beide Möglichkeiten – letal oder nichtletal – »akzeptiert« werden. Ich betone nochmals, daß dies nicht einfach vollbewußte Absicht ist.

So gesehen gewinnt der Suizidversuch sogenannte männliche Züge. Und doch wiederum nicht: Da dieser nämlich quasi unter der Flagge des Appells segelt, also Hilflosigkeit, Ohnmacht, Hilfsbedürftigkeit und Angewiesensein Vorrang hat und Frauen weniger als Männer durchsetzungsfähige, autonome, konsequente, aggressive Aspekte ihres Handelns betonen oder zeigen dürfen, tun sie dies, wie gleichfalls im Weiblichkeitsklischee verankert, in verdeckter Form, nämlich unter der Ägide von Hilflosigkeit und Appell. Diese verdeckten Formen der Einflußnahme, diese »Listen der Ohnmacht«, um es mit Claudia Honegger und Bettina Heintz (1984) zu sagen, gewinnen jedoch nicht nur meist krankheitswertigen Status, sie werden gesellschaftlich auch an Frauen mehr als an Männern toleriert und akzeptiert (bereits Richter 1973). Frauen dürfen hilflos und schwach sein und das auch zeigen. Diese an die Vorstellung eines weiblichen Mängelwesens (vgl. Rohde-Dachser 1991) geknüpfte Position birgt somit unter der Hand die Chance zur Durchsetzung von Veränderungen, die sonst offenbar niemand im jeweiligen sozialen Umfeld der Betreffenden in Angriff nimmt.

Daß dies geschehen kann, liegt nicht allein am Appellcharakter des Suizidversuchs, vielmehr auch an dessen repressiver, also erpresserischer Seite (Rachor 1995). Diese Seite wird zwar immer wieder betont, in ihrer durchsetzungsfähigen Funktion bleibt sie aber gemessen an der Appellfunktion theoretisch unterbestimmt. Da wir im Fall suizidaler Handlungen mit vielfältigen psychischen und sozialen Dilemmata der Betreffenden konfrontiert sind und wir Frauen aufgrund ihres abgewerteten psychischen und sozialen Status auch als Opfer dieser gesellschaftlichen Situation sehen, die ja tatsächlich mehr als Männer gesellschaftlichen Kränkungen ausgesetzt sind, fällt es oft schwer, ihren Beitrag als Handelnde im sozialen Geschehen zu sehen, obschon dies häufig mit prekären Mitteln, etwa einem »erpresserischen« Suizidversuch, geschieht. Die Möglichkeit nämlich, mit einem Suizidversuch andere zum Handeln »zwingen« und Veränderungen herbeiführen zu können, nutzen ja Frauen offensichtlich mehr als Männer, wenngleich diese drastische Form der lebensgefährlichen Intervention wiederum unter dem Vorrang von Appell und Ohnmacht verdeckt ist. Diese Funktionen des Suizidversuchs resultieren nicht nur aus den Motiven der Betreffenden, sondern auch aus gesellschaftlichen Einstellungen, da prinzipiell Hilfe zur Verfügung gestellt und unter Androhung von Strafe gefordert wird.

Hier indes kommen wir wiederum an einen Aspekt sogenannten weiblichen Handelns. Frauen nämlich, denen generell gesellschaftlich weniger als Männern durchsetzungsfähige Mittel der sozialen Einflußnahme zur Verfügung stehen, um ihre Wünsche, Bedürfnisse, Probleme, Belange zur Geltung zu bringen, und dies manifestiert sich auch in konkreten Beziehungen als Geschlechterkonflikt, haben mit dem Suizidversuch eine allerletzte Chance, dies zu tun.

III.

Neben diesen übereinstimmenden Struktureigenschaften des Appell-Suizidversuchs mit den Merkmalen des Weiblichkeitsstereotyps, zeigen sich an ihm Aspekte sogenannter weiblicher Eigenschaften und Orientierungen: Bezogenheit, Beziehungsneigung, Fürsorglichkeit und Verantwortlichkeit,[3] und zwar in folgender Weise. Der Suizidversuch ist überwiegend Ausdruck einer problematischen Beziehung, die so nicht mehr akzeptiert, indes nicht völlig aufgegeben wird. Insofern kommt hier die sogenannte weibliche Beziehungsneigung ins Spiel, da Frauen dazu tendieren, sich für Beziehungen verantwortlich zu fühlen, dies indes in problematischen Beziehungen und aufgrund beschränkter Möglichkeiten oft mit prekären Mitteln tun. Mit einem Suizidversuch handeln Frauen überdies in dem Sinn bezogen, als sie mittels seiner Appellfunktion sich an andere wenden, also Kommunikation und Kontakt aufnehmen. Da mit einem Suizidversuch, mehr oder weniger bewußt, Veränderung auch für die gesamte Beziehungssituation, folglich für andere, »angestrebt« wird, zumindest darüber die Möglichkeit besteht, handeln diese Personen insofern fürsorglich und verantwortlich, als sie diese »Aufgabe« entgegen ihrer oft unflexiblen und selbst gefährdeten Partner übernehmen und diese so vor unbedachten Handlungen schützen.

IV.

Wenn ich jetzt den Suizidversuch als Ausdruck des heutigen Geschlechterkonflikts und der elementaren Veränderung der weiblichen Geschlechtsrolle interpretiere, dann zeichne ich strukturell angelegte Konfliktmöglichkeiten nach, von denen Frauen generell betroffen sind, was aber im Einzelfall nicht zutreffen und auch nicht zu einem Suizidversuch führen muß.

Frauen, auch jene, die nicht bewußt Emanzipation anstreben, haben heute größere Wahlmöglichkeiten, aber auch einen Verlust an zuverlässigen Bindungen. Wir wissen, daß für Frauen Beziehungen wichtig sind und sie darin wachsen können, auch wenn diese Möglichkeit oft nicht besteht. Frauen heute stehen vor dem konflikthaften Wunsch nach einer Liebesbeziehung und gleichzeitiger Eigenständigkeit. Sie sind hin und her gerissen zwischen einem selbständigen Leben und dem Dasein für andere. Ihnen wird heute nachdrücklich Individualität und Autonomie abverlangt, zugleich aber werden sie durch eine männlich geprägte Sozialität und durch konkrete Personen, häufig Partner, daran gehindert. Für sie ist heute das Bild der Mutter weitgehend obsolet geworden – so wollen sie nicht mehr leben, jedoch ein eigenständiges Weiblichkeitsbild, das Autonomie und Bezogenheit verbindet, ist sozial nicht verankert (Beck 1986; Beck u. Beck-Gernsheim 1990; Rohde-Dachser 1991). Überdies, psychisch geradezu unvermeidlich, stehen neben moralischer Empörung und tiefen Gefühlen von Ungerechtigkeit, neben dem Erwachen von Ambitionen, Selbstfindung und persönlicher Fortentwicklung, auch quälende Gefühle von Schuld und Scham, Unbehagen, Desorientierung und Zerrissenheit (van Stolk u. Wouters 1987). Diese Gefühle aber sind besonders manipulierbar (Mitscherlich 1985).

Auch ambivalente soziale Bewertungen und Verhaltensforderungen, mit denen Frauen tagtäglich konfrontiert sind, sind äußerst belastend. Handeln Frauen nämlich zielgerichtet, durchsetzungsfähig und kompetent, gelten sie als unweiblich und folglich als weniger wert. Letzteres sind sie auch, wenn sie gemäß dem gängigen Weiblichkeitsbild sich besonders feminin verhalten, also zurückhaltend, angepaßt, takt- und liebevoll, altruistisch, denn dieses Bild ist gemessen am Männlichkeitsbild ebenso zweitrangig. Trotz der Forderung nach Autonomie und nach Gestaltung von Individualität wird auch weiterhin von Frauen Anpassung und Unterordnung gewünscht. Passen sie sich aber an, gelten sie als abhängig. Sind sie autonom, dann sind sie weniger Frau.[4]

Betrachten wir den Suizidversuch jetzt unter diesen gerade genannten Aspekten, dann läßt sich feststellen, daß dieser strukturell jene Züge gleichfalls aufweist. Die Widersprüche und Unvereinbarkeiten der heutigen weiblichen Existenzweise wiederholen sich geradezu im Suizidversuch. Was wir auf der psychischen Ebene als Ambivalenz beschreiben (z. B. Stengel 1967), ist gleichfalls ein strukturelles Merkmal des Suizidversuchs und der weiblichen Existenz. Was nämlich im realen

Leben so schwer zu haben ist, so ließe sich salopp sagen, geschieht in Gestalt des Suizidversuchs, der die im konkreten Leben unvereinbaren Seiten in sich zusammenfaßt und damit strategische Funktion gewinnen kann. Die Verbindung der destruktiven mit der progressiven Seite im Suizidversuch verweist darauf, daß diese Menschen weder nur sterben noch nur leben wollen, sondern oft genug auch, daß sie lediglich unter diesen Bedingungen nicht mehr leben wollen. Und letzteres trifft ja allgemein für Frauen als gesellschaftliches Problem zu, so daß der Suizidversuch als Zuspitzung der sozialen Situation der Frau interpretierbar wird.

Pointiert gesagt: Der Suizidversuch ist autonom und abhängig zugleich, indem er Probleme der Beziehung unabhängig von vorgegebenen, sozusagen legitimen, Mustern und Vorstellungen lösen will, dies indes nur dann geht, wenn die Hilfe anderer beansprucht wird, er insofern davon abhängig ist. Ein Suizidversuch ist Distanznahme und Bezogenheit zugleich: Der Suizidant verläßt das Beziehungsfeld und bleibt ihm doch verhaftet. Er kommuniziert mittels seiner Appellfunktion und schweigt durch Kommunikationsabbruch. Er ist passiv in der regressiven und an andere delegierten Lösung und aktiv durch seine Funktion und Folgen. Er setzt andere unter Druck und drängt sie in ungefragte Verantwortung, um doch auch für sie Entlastung und Verantwortung mittels dieser Rolle zu übernehmen. Er ist egoistisch, weil er auf die Belange und Erwartungen anderer keine Rücksicht nimmt, nicht fragt, was diese denken, fühlen, erleiden, und doch altruistisch aufgrund der Übernahme von Verantwortung und des Risikos eines letalen Endes. Er ist ein Handeln und Reagieren, ein Unterwerfen und Auftrumpfen, Kontrollverlust und Kontrolle, Niederlage und Gewinn.

Insofern spiegelt der Suizidversuch wichtige Facetten des gängigen Weiblichkeitsbildes und der heutigen Existenzweise von Frauen in Form weiblicher Zerrissenheit zwischen Altruismus und Egoismus, Gehen und Bleiben, Autonomie und Gebundenheit, Bezogenheit und Selbstbehauptung. Er impliziert ebenso gesellschaftliche Einstellungen über Frauen als schwächere, hilflosere, auf Hilfe angewiesene, letztendlich mangelhafte Wesen.

V.

Neben diesen übereinstimmenden Aspekten zeigen klinische Beschreibungen Personen mit einem Suizidversuch in der Regel in Gestalt des weiblichen, negativ konnotierten, mehr oder weniger pathologisierten Sozialcharakters: Sie streiten, nörgeln, sind unzufrieden und unberechenbar; in ihren Gefühlen, Äußerungen, Verhaltensweisen schwankend; unsicher in ihrem Selbstbild, den langfristigen Zielen oder Berufswünschen, in der Art der Partner oder Freunde oder in den persönlichen Wertvorstellungen; sie sind masochistisch, abhängig, manipulativ, impulsiv, potentiell selbstschädigend, instabil im affektiven Bereich, gereizt, wütend; haben extreme Nähe- und Liebesbedürfnisse, neigen zu Idealisierung von Partner und Beziehung, die sie übereilt, illusorisch, die Fehler des Partners ignorierend, eingehen; sind mittels extremer Empfindlichkeit und Sensibilität schnell kränkbar, unkontrolliert und unkontrollierbar, hinterhältig, unfaßbar, unoffen, patzig, ambivalent; sind schnell enttäuscht und enttäuschen schnell, etwa durch Schweigen, Rückzug (Therapieabbruch); sie sind antriebsschwach oder antriebsstark, sie haben hohe Ansprüche an die Umwelt oder sind geradezu wunschlos unglücklich, haben ein zu geringes oder zu hohes Pflichtbewußtsein und so weiter. Insgesamt überwiegt eine »hysterieforme« Charakterisierung des Suizidversuchs (Gerisch 1998). Was die so beschriebene »Suizidversuchs-Person« nicht erklärt, ist, warum diese hauptsächlich »weiblichen« Charakters ist. Eine wichtige Einschränkung allerdings ist zu machen: Henseler (1974) kennzeichnet die narzißtisch-suizidale Person als eine die Eigenständigkeit und das Andersseins des Partners ignorierende. Dieser wird nur solange akzeptiert, als er zur Aufrechterhaltung des narzißtischen Gleichgewichts und der Idealvorstellungen der Betreffenden dient. Obwohl es sich beim Suizidversuch, so auch in Henselers Untersuchung, mehrheitlich um Frauen handelt, entspricht diese Charakterisierung weit weniger dem gängigen Weiblichkeitsbild, vielmehr der männlichen Seite des prinzipiell gesellschaftlich komplementärnarzißtisch strukturierten Geschlechterverhältnisses, in dem Frauen der Aufwertung und Unterstützung des Mannes dienen (Rohde-Dachser 1991). Frauen mit einem Suizidversuch scheinen zumindest in dieser Hinsicht dem verbindlichen Weiblichkeitsbild nicht zu folgen.

VI.

Werfen wir jetzt einen kurzen Blick auf Henselers Studie, in der Kampf und Streit, sadomasochistische Arrangements und symbiotisches Verklammern das Partnerverhalten und schließlich den Suizidversuch anleiten. Sicher ist problematisch, mit Streit und Kampf seinen Partner ändern zu wollen oder in einer extrem brutalen Partnerschaft auszuharren. Dennoch zeigen sich hier nicht allein individuell-psychische, sondern auch gesellschaftliche Probleme. Gerade Frauen wird nach wie vor eine »pathologische Anpassung« (Lerner 1991) abverlangt, die häufig mit Depressivität beantwortet wird, eine wichtige Komponente suizidaler Gefährdung. Wir leben zudem in einer durch männlich strukturelle Gewalt gekennzeichneten Gesellschaft, die mit zunehmender weiblicher Autonomie gleichfalls zunimmt (Giddens 1993) und Erfahrung vieler suizidaler Frauen[5] ist. Die soziale Geschlechterordnung überdies ist komplementärnarzißtisch angelegt, mit der Frau in der ergänzenden, den Mann bestätigenden, helfenden, spiegelnden Position (Rohde-Dachser 1991). Ebenso leben wir heute in einer Trennungs- und Scheidungsgesellschaft mit der prinzipiellen Drohung des schnellen Verlusts relevanter Personen. Zwar streben Frauen deutlich häufiger als Männer Trennung und Scheidung an, während der Partnerschaft ist es aber oft der Mann, der sich distanziert, durch Arbeit, Kumpels, Hobbys, Ehebruch, vor allem durch das vielbeklagte männliche Schweigen (z. B. Tannen 1993). Generell verweigern viele Männer Frauen Anerkennung, schätzen männliche Arbeit höher, ignorieren weibliche Gesprächsangebote, vereinnahmen diese oder behandeln sie geringschätzig. Banale Gespräche über Politik, Autos und Sport sind ihnen wichtiger als zum Beispiel notwendige über Kindererziehung und die gemeinsame Beziehungsgestaltung (Trömel-Plötz 1985). Damit stellt sich nicht nur das Problem männlicher Gewaltbereitschaft, sondern auch das Problem weiblicher Isolierung und Einsamkeit in bestehenden Beziehungen, beides oft traumatische Wiederholung ehemaliger Erfahrungen der Primärfamilie, letzteres eine durch die »Abwesenheit« des Vaters allgemein geprägte »weibliche Situation« (Olivier 1980; Rohde-Dachser 1991, S. 294f.). Generell sind Frauen weiterhin, gerade wenn Kinder vorhanden sind, ökonomisch vom Mann abhängig.

Auf den Punkt gebracht: Frauen, die kämpfen und streiten, können das heute nicht nur aufgrund emanzipatorischer Entwicklung und der Einsicht, daß auch sie ein Recht auf Selbstverwirklichung und Anerkennung haben. Sie streiten auch, weil ihre Partner stoisch, statisch und gleichgültig in ihrer Männlichkeitsrolle verharren (Beck 1986; Wirth u. Brähler 1994). Diese Frauen verlassen wahrscheinlich ihre Partner deshalb nicht, weil sie an der Idee einer entwicklungsfähigen Beziehung festhalten, die womöglich auf der »weiblichen Lebenslüge« basiert, daß »das ›wahre‹ Glück der Frau in der großen und einzigartigen Liebe zu einem ›idealen‹ Manne liege« (Rohde-Dachser 1991, S. 218). Oder sie resignieren im Glauben, daß es auch beim nächsten nicht besser wird (Rachor 1996). Worum die Frauen streiten, ist oft mehr als legitim, auch wenn sie das nicht in »angemessener« und »geschickter« Weise tun: Anerkennung, Rücksichtnahme, Verständnis, Mithilfe, Gespräch, Gemeinsamkeit und Gleichrangigkeit usw. Die häufige Aufforderung an Frauen, keine Vorwürfe zu machen, den Mann nicht unter Druck zu setzen oder mit Forderungen zu »verfolgen«, knüpft fatalerweise an der Vorstellung weiblicher Verantwortung an (Walters u. a. 1991), die sie mit ihrem Streit und dem Kampf um Veränderung bereits unter Beweis stellen und in die sie mit solchen Interventionen wieder hineinmanövriert werden. Problematisch ist zudem, daß in fast allen Untersuchungen die ökonomische und berufliche Situation der Frau (z. B. Canetto 1992) sowie das Vorhandensein von Kindern, unter Umständen ein wichtiger Faktor für ihr Ausharren in belastenden Beziehungen, unberücksichtigt bleiben. Bei den als sadomasochistisch beschriebenen Partnerschaften finden wir nicht nur regelhaft Frauen in der »masochistischen« Position, sondern auch, daß diesen die Lust am Leid zu fehlen scheint. Dieses den Masochismus in erster Linie definierende Element wird weder von Henseler noch andernorts als auffälliges Merkmal weiblicher Suizidalität beschrieben. Im Gegenteil verging diesen Frauen ob ihrer Drangsal so weit die Lust am Leben, daß sie freiwillig aus diesem scheiden wollten.[6]

Warum jedoch narzißtisch strukturierte Frauen mehr als narzißtisch strukturierte Männer suizidal werden, bleibt nach wie vor offen. Zwar sind narzißtische Personen oft sehr durchsetzungsfähig und beruflich erfolgreich, indes mit diesen Attributen meist männlichen Geschlechts. Sie nehmen wenig auf andere Rücksicht, wollen diese nach ihren Vorstellungen sehen oder formen und lassen sie fallen, wenn dies nicht gelingt. Obwohl es sich hier entsprechend der Geschlechtsstereotypen eher um eine männliche Variante handelt, trifft dies in Henselers Untersuchung vorwiegend Frauen, so daß sich die Frage nach deren suizidalem Scheitern besonders stellt: Warum lassen sie ihre Partner nicht fallen und verlassen sie, wenn die Idealisierung bricht, Gewalt zu dramatisch wird, Veränderungen nicht zu erwarten sind? Womöglich deshalb nicht, weil sie wie fast alle Frauen nicht nur einer weiblichen Sozialisation ausgesetzt sind, sondern diese die sozial komplementärnarzißtische Position definiert, mit der liebenden, aufschauenden, altruistischen,[7] doch entwerteten und zweitrangigen Frau, während Männer, trotz erheblicher Unsicherheits- und Abhängigkeitsprobleme (Canetto 1992; Campell 1995), das soziale Männlichkeitsbild von Macht, Stärke, Kontrolle und Überlegenheit als Stabilisator hinter sich, Frauen als Projektionsfläche ihrer Ängste, Schwächen und Zweifel jedoch vor sich haben?

VII.

Blicken wir nochmals auf Henselers Untersuchung, dann sind wir geradezu mit einem Abziehbild generell männlichen Verhaltens der Partner konfrontiert. Diese Männer schweigen, schlagen, demütigen, ignorieren, rennen weg, löschen während des Konfliktgesprächs schweigend das Licht, sich zur Seite drehend und ähnliches. Hat ein Mann gegen die Emanzipationswünsche seiner Frau nichts einzuwenden, wird das vom Untersucher ernstgenommen, der Streit ums Eierkochen jedoch nicht, beides Mitauslöser für den suizidalen Akt der Frau.

Könnte sich nicht auch hier dokumentieren, was andernorts so häufig festgestellt wird: daß männliche Aussagen mit ihrem faktischen Verhalten noch lange nicht übereinstimmen, Anmerkungen der Frau als erniedrigende Belehrung aufgefaßt oder als irrelevant abgetan werden (z. B. Metz-Göckel u. Müller 1985; Baker-Miller 1986)? Zudem: Wenn eine Frau suizidal wird, weil ihr Beitrag zum Treuebruch vom Partner übersehen wird – wie bei Henseler –, dann ist dies nicht nur individuelle Ignoranz, sondern auch Zeichen der allgemeinen Geringschätzung der Frau und der Gleichgültigkeit ihres Tuns gegenüber, obwohl Frauen keineswegs unschuldige Engel sind oder als Initiatorinnen von Streit und Konflikten nicht in Frage kommen. Um was es hier immer wieder geht, sind gesellschaftliche Wert- und Idealvorstellungen über Männlichkeit und Weiblichkeit, die für das Verhalten der Betreffenden und die Wahrnehmung wie Interpretation dieses Verhaltens maßgeblich zeichnen. Wenn wir etwa, wie oben im Fall des Narzißmus, von einem eher männlichen Verhalten bei den Frauen sprechen, dann haben wir bereits einen handfesten Maßstab dafür, was männlich oder weiblich ist. Betrachten wir deshalb exemplarisch eine Fallbeschreibung Henselers.

Hier erscheint das Verhalten des Mannes, der sich, trotz eines privaten Essens mit seiner Ehefrau in einem Restaurant, ohne deren Wissen beruflich mit einer Kollegin am selben Ort verabredete, nicht interpretationsbedürftig, obwohl die Ehefrau daraufhin suizidal wird. Obschon Henseler ausdrücklich betont, daß die Frau durch die Essenseinladung geschmeichelt war, kommt er nicht auf die Idee zu fragen, warum das so ist. So könnte sich doch herausstellen, daß diese Einladung eine Seltenheit war, vom Mann eventuell imposant vorgetragen. Auf der Hand liegt allerdings, daß normalerweise unter der Bedingung ihres Geschmeicheltseins die Kränkung der Frau im Prinzip größer gewesen sein müßte, was dem Mann nicht entgangen sein dürfte. Und was ist überhaupt mit der anderen Frau? Daß es sich um ein Ausspielen, ein Vorführen, um Unehrlichkeit und ein Hinters-Licht-Führen handelt, scheint nicht ins Gewicht zu fallen, schon gar nicht die herbe Enttäuschung der Frau. Hervorgehoben werden die anspruchlichen Forderungen der Frau an ihren Mann, nicht dessen Ambivalenz und das sogenannte

Double-bind der Situationskonstellation, das schließlich die Spitze des Eisbergs seines sonstigen Verhaltens sein könnte. Daß diese Frau in ihrem faktischen und emotionalen Verhalten dem gängigen Bild von femininer Frau besonders gut zu entsprechen scheint, könnte aber gerade ihre Wünsche nach dem Komplementärbild des Mannes, der sich gegenüber der Frau wie ein Mann verhalten soll, hervorgerufen haben, wobei der Mann zwar ersteres zu akzeptieren scheint, letztes offenbar weniger oder nur in ambivalenter Gestalt (Essenseinladung).

Dies ist nicht lediglich Problem des Einzelfalls, sondern durchaus Symptom eines generellen Geschlechterkonflikts durch das Einwirken von Geschlechterstereotypen. Das, so läßt sich annehmen, trifft auch für die Wahrnehmungen und die Bewertungen des Untersuchers und schließlich Therapeuten zu. Wenn Kneissl (1984) feststellt, daß die zu suizidalem Verhalten normalerweise disponierenden Faktoren bei Frauen eine weit geringere Rolle spielen als solche, die sich aus ihrer Sozialisation und ihrem Status als Frau ergeben, dann ist nicht nur darauf, sondern auch auf das Verhalten von Personen des jeweiligen sozialen Umfelds, insbesondere von Partnern zu achten, die diesen Status mit zementieren (auch Canetto 1992; Rachor 1995, 1996; Gerisch 1998).

VIII.

Ich habe darauf verzichtet, klinisches Material als solches zu bewerten und auf die vielfältigen sozialen und psychischen Hintergründe in nuce einzugehen. Hier stand unter einer soziologischen Perspektive die Frage zur Debatte, warum Suizidversuche von Frauen häufiger als von Männern gemacht werden, wobei dies anhand der Geschlechterstereotypen, dem Wandel der weiblichen Geschlechtsrolle und den daraus resultierenden Konflikten tentativ aufgezeigt wurde. Der Suizidversuch der Frau wurde nicht nur als individuelles, sondern auch als ein soziales Problem dargestellt. Es mag unter psychiatrischer, psychologischer beziehungsweise psychoanalytischer Perspektive verkürzt erscheinen, Erklärungen zu suizidalen Akten mit Hinweis auf das existierende Geschlechterverhältnis oder die Entwertung der Frau zu liefern. Dennoch vergibt man sich die Chance, einen wichtigen Einflußfaktor auf das psychische Erleben von Mann und Frau zu erfassen, wenn man das nicht tut. Denn innerpsychisches Erleben und innerweltliche Strukturen sind nicht nur mit der eigenen Lebensgeschichte, sondern auch mit gesellschaftlichen Strukturen und institutionellen Verhältnissen verbunden. Und ebenso mit realen Machtverhältnissen sowie mit dem Kampf und dem Neid der Geschlechter, deren gegenseitiger bewußter Wahrnehmung und unbewußter Phantasien über Männlichkeit und Weiblichkeit (z. B. Rohde-Dachser 1991; Gerlach 1995; Erdheim 1992, 1997; Rachor 1996, 1998, 2000b).

Hier ging es hauptsächlich darum zu zeigen, daß die jeweiligen Merkmale des sozialen Geschehens und des Weiblichkeitsstereotyps den Struktureigenschaften des Suizidversuchs als Appell ähnlich sind. Deshalb neigen Frauen aufgrund dieser »Vertrautheit« womöglich dazu, diesen als Ausdruck ihrer Nöte und als Mittel ihrer Veränderung heranzuziehen, zumal die Übereinstimmung genannter Merkmalseigenschaften durch den Wandel der Weiblichkeitsrolle und dessen psychische wie soziale Folgeprobleme größer geworden ist und daher eine Erklärungsvariante für den Anstieg des »weiblichen« Suizidversuchs in der modernen Gesellschaft liefern könnte.

Anmerkungen

1 Die Suizidrate der Frauen hat sich mittlerweile verdoppelt und der des Mannes angeglichen. Das frühere Verhältnis Mann : Frau von 4 : 1 beträgt heute 2 : 1. Suizidversuche liegen um das Dreifache höher als Suizide. Davon stellen Frauen circa 70 Prozent. Das Mann-Frau-Verhältnis beim Suizidversuch ist folglich etwa 1 : 3. Die Dunkelziffer beim Suizidversuch wird bis zu 15mal höher eingeschätzt.

2 Hingewiesen sei auf die Untersuchung von Wiendieck (1972), in der soziale Einstellungen zu suizidalem Verhalten von Mann und Frau und eine entsprechende Hilfeleistung auch für den letalen oder nichtletalen Ausgang eine Rolle spielen. Prinzipiell werden suizidale Akte von Frauen und Mädchen als weniger ernst in der letalen

Absicht und somit als appellativ bewertet. Diejenigen männlicher Suizidanten als letal ernsthaft.

3 Die Frage nach moralischer Verantwortung und dem Fürsorgeverhalten von Frauen im Anschluß an die Ergebnisse von Gilligan (1985) wird weiterhin kontrovers diskutiert (z. B. in Nunner-Winkler 1991; Nagl-Docekal u. Pauer-Studer 1993; Horster 1998). Tatsache aber ist, daß gerade in vielen klinischen Untersuchungen und den Darstellungen weiblicher Konflikte und Beziehungsprobleme weibliche Verantwortlichkeit eine äußerst große Rolle spielt (z. B. Baker-Miller 1986; Walters et al. 1991). Da zudem die Fürsorge- und Verantwortungshaltung von Frauen ein signifikanter Bestandteil des gängigen weiblichen Auto- und Fremdstereotyps ist und Frauen auch heute noch weit mehr als Männer in dieser Weise sozialisiert werden (Muttersein) und solche Verhaltenseinstellungen zeigen, wie Wirth und Brähler (1994) anhand der Untersuchung von Jugendlichen feststellten, ist meiner Ansicht nach, trotz anderslautender Statements, etwa mit Bezug auf zunehmendes unsoziales Verhalten (z. B. Gewalt) von Frauen, auch weiterhin davon auszugehen, daß Frauen eher als Männer dazu neigen, Verantwortung für andere und auch für Beziehungen zu übernehmen. Dies legt auch die psychosoziale Entwicklung von Frauen nahe, wie sie vor allem im Anschluß an Chodorow (1985) immer wieder in Form weiblicher Bezogenheit und Beziehungsneigung bestätigt wird.

4 Aus der reichhaltigen Literatur zu diesen Themen und ihrer unterschiedlichen Aspekte: Lerner 1991; Dowling 1986; Moulton 1992; Litwin 1992; Trömel-Plötz 1985; Rohde-Dachser 1991; zusammengefaßt und im Zusammenhang mit Suizidalität: Rachor 1995, 1996; Gerisch 1998.

5 Eine von der UN-Menschenrechtskommission herausgegebene Studie belegt den häufigen Zusammenhang von männlicher Gewalt und weiblicher Suizidalität: Mißhandelte Frauen reagieren 12mal häufiger suizidal als Frauen ohne diese Erfahrung. Von zwei Millionen jährlich geschlagener Amerikanerinnen werden bis zu 40 Prozent, also etwa 800.000 Frauen suizidal (zit. nach FR 1996). Rohde-Dachser (1994) beschreibt für Borderline-Patientinnen, die etwa drei Viertel dieser am häufigsten vorkommenden Persönlichkeitsstörung stellen, nicht nur die »typischen manipulativen Suizidversuche« (S. 82), sondern auch, daß bis zu 86 Prozent körperlicher und sexueller Gewalt ausgeliefert waren. Canetto (1992) belegt ebenso den Zusammenhang von weiblicher Suizidalität mit extrem dysfunktionalen Beziehungen, sexueller und körperlicher Gewalt in der aktuellen wie in der Herkunftsfamilie.

6 Es sei nochmals darauf hingewiesen, daß der sogenannte weibliche Masochismus vor allem ein soziales Problem ist. Denn nach wie vor reagieren Männer und Frauen auf physische, sexuelle und emotionale Gewalterfahrung insbesondere ihrer Primärfamilie extrem unterschiedlich: Männer sehr viel häufiger als aggressive, sadistische, im Fall von Vergewaltigungen und sexuellem Mißbrauch als perverse Täter. Frauen mehr als Opfer, zu dem sie in der Regel nicht freiwillig werden. Dies ist lediglich die Zuspitzung einer generellen verbalen und averbalen wie weitgehend akzeptierten Gewaltbereitschaft von Männern. Henley (1988) schreibt: »Aber noch so umfangreiche experimentelle Untersuchungen können nicht abschätzen, welche Auswirkungen es auf Millionen von Frauen hat, Tag für Tag von einer Sprache umgeben zu sein und mit Worten bombardiert zu werden, die ihnen suggerieren, sie seien bedeutungslos, zweitrangig, Sexualobjekt oder überhaupt nicht existent« (S. 121f.)

7 Rohde-Dachser (1991) meint zur Liebe der Frauen: »Wollte man überhaupt von einer weiblichen ›Mittäterschaft‹ (vgl. Thürmer-Rohr 1989) an der Aufrechterhaltung des patriarchalischen Geschlechterarrangements sprechen, dann wäre sie mit großer Wahrscheinlichkeit hier zu suchen« (S. 218f.).

Literatur

Baechler, J. (1981): Tod durch eigene Hand. Eine wissenschaftliche Untersuchung über den Selbstmord. Frankfurt a. M./Berlin/Wien.

Baker-Miller, J. (1986): Die Stärke weiblicher Schwäche. Zu einem neuen Verständnis von Frau. Frankfurt a. M.

Bappert, W. (1965): Die Zunahme der Suizidversuche und ihre seelischen Hintergründe. In: Zwingmann, C. (Hg.), Selbstvernichtung. Frankfurt a. M.

Barth, A. (1989): Energien vom wilden Mann. Der Spiegel, 43/40 (02.10.1989).

Beck, U. (1981): Risikogesellschaft. Auf dem Weg in eine andere Moderne. Frankfurt a. M.

Beck, U.; Beck-Gernsheim, E. (1990): Das ganz normale Chaos der Liebe. Frankfurt a. M.

Benhabib, S. (1989): Der verallgemeinerte und der konkrete Andere. Ansätze zu einer feministischen Moraltheorie. In: List, E.; Studer, H. (Hg.), Denkverhältnisse. Feminismus und Kritik. Frankfurt a. M.

Broverman, I. K.; Vogel, S. R.; Broverman D. M. et al. (1972): Sex-role stereotypes: A current appraisal. J. soc. Issues 29: 59–78.
Broverman, I. K.; Broverman, D. M.; Clarkson, F. E.; Rosenkranz, P. S.; Vogel, S. R. (1981): Sex-role stereotypes and clinical judgements of mental health. In: Bardwick, J. M. (Hg.), Reading on the Psychology of Women. New York.
Campbell, A. (1995): Zornige Frauen, wütende Männer. Wie das Geschlecht unser Aggressionsverhalten beeinflußt. Frankfurt a. M.
Canetto, S. S. (1992): She died for love and he for glory: Gender myths of suicidal behaviour. Omega 26: 1–17.
Chodorow, N. (1985): Das Erbe der Mütter. Psychoanalyse und Soziologie der Geschlechter. München.
Dowling, C. (1986): Der Cinderella-Komplex. Die heimliche Angst der Frauen vor der Unabhängigkeit. Frankfurt a. M.
Erdheim, M. (1992): Die gesellschaftliche Produktion von Unbewußtheit. Eine Einführung in den ethnopsychoanalytischen Prozeß. Frankfurt a. M.
Erdheim, M. (1997): Die Veränderung der psychischen Dynamik durch historische Prozesse am Beispiel von Dorothea Schlegels »Florentin«. Psyche 51: 905–925.
FR – Frankfurter Rundschau (1996), 51: 8.
Giddens, A. (1993): Wandel der Intimität. Sexualität, Liebe und Erotik in modernen Gesellschaften, Frankfurt a. M.
Gerisch, B. (1998): Suizidalität bei Frauen. Mythos und Realität. Eine kritische Analyse, Tübingen.
Gerlach, A. (1995): Kastrationsangst und oraler Neid in der eigenen und fremden Kultur. Psyche 49: 965–988.
Gilligan, C. (1985): Die andere Stimme. Lebenskonflikte und Moral der Frau. München/Zürich.
Henley, N. M. (1988): Körperstrategien. Geschlecht, Macht und nonverbale Kommunikation. Frankfurt a. M.
Henseler, H. (1974): Narzißtische Krisen. Zur Psychodynamik des Selbstmordes. Reinbek.
Honegger, C.; Heintz, B. (Hg.) (1984): Listen der Ohnmacht. Zur Sozialgeschichte weiblicher Widerstandsformen. Frankfurt a. M.
Horster, D. (Hg.) (1998): Weibliche Moral – ein Mythos? Frankfurt a. M.
Kind, J. (1992): Suizidal. Die Psychoökonomie einer Suche. Göttingen.
Kneissl, M. (1984): Suizidversuche bei Frauen. Untersucht am Beispiel der Suizidversuchsfälle, die in den Jahren 1970–1979 in der

Medizinischen Klinik der Städtischen Kliniken Darmstadt behandelt wurden. Unveröff. Diss., Marburg.

Lerner, H. G. (1991): Das mißdeutete Geschlecht. Falsche Bilder der Weiblichkeit in Psychoanalyse und Therapie. Zürich.

Litwin, D. (1992): Autonomie. Ein Konflikt für Frauen. In: Alpert, J. (Hg.), Psychoanalyse jenseits von Freud. Berlin/Heidelberg/New York.

Luhmann, N. (1982): Liebe als Passion. Frankfurt a. M.

Metz-Gäckel, S.; Müller, U. (1995): Der Mann. Zeitschrift Brigitte. Hamburg.

Mitscherlich, M. (1985): Die friedfertige Frau. Frankfurt a. M.

Moulton, R. (1992): Beruflicher Erfolg: Ein Konflikt für Frauen. In: Alpert, J. (Hg.), Psychoanalyse der Frau jenseits der Frau. Berlin/Heidelberg/New York.

Nagl-Docekal, H.; Pauer-Studer, H. (Hg.) (1993): Jenseits der Geschlechtermoral. Beiträge zur feministischen Ethik. Frankfurt a. M.

Nunner-Winkler, G. (Hg.) (1991): Weibliche Moral. Die Kontroverse um eine geschlechtsspezifische Ethik. Frankfurt a. M./New York.

Olivier, C. (1980): Jokastes Kinder. Die Psyche der Frau im Schatten der Mutter. Düsseldorf.

Rachor, C. (1982): Unterschiede im Suizidverhalten von Mann und Frau. Unveröff. soz. Dipl.-Arbeit. Frankfurt a. M.

Rachor, C. (1995): Selbstmordversuche von Frauen. Ursachen und soziale Bedeutung. Frankfurt a. M.

Rachor, C. (1996): Der Suizidversuch von Frauen – Modus der Bezogenheit. Zur Geschlechtsspezifität suizidalen Verhaltens. Psychosozial 66, 17/IV: 99–112.

Rachor, C. (1997): Zum Problem geschlechtsneutraler Aussagen am Beispiel weiblicher Suizidalität und ihrer sozialen Aspekte. Suizidprophylaxe 93, Jg. 24: 4.

Rachor, C. (1997), Neid hat viele Gesichter. Warum setzen Männer ihre Partnerinnen herab? Frankfurter Rundschau v. 13.12.1997.

Rachor, C. (in Vorbereitung): Suizidalität und Gesellschaft – Suizidalität und Geschlecht. Durkheims Denkmodell als Hintergrund soziologischer Suizidforschung.

Rachor, C. (in Vorbereitung): Männlicher Neid. Ein offenes Geheimnis – Zur Geschlechtsspezifität von Neidgefühlen.

Reimer, C. (1982): Interaktionsprobleme mit Suizidenten. In: Reimer, C., Suizid. Ergebnisse und Therapie. Berlin/Heidelberg/ New York.

Richter, H.-E. (1973): Konflikte und Krankheit der Frau. In: Claessens, D.; Millhoffer, P. (Hg.), Familiensoziologie. Frankfurt a. M.

Rohde-Dachser, C. (1991): Expedition in den dunklen Kontinent. Weiblichkeit im Diskurs der Psychoanalyse. Berlin.

Rohde-Dachser, C. (1994): Warum sind Borderline-Patienten meistens weiblich? – Über die Rolle des Traumas in der Borderline-Entwicklung. In: Rohde-Dachser, C., Im Schatten des Kirschbaums. Psychoanalytische Dialoge. Bern/Göttingen.

Rommelspacher, B. (1997): Identität und Macht. Zur Internalisierung von Diskriminierung und Dominanz. In: Keupp, H.; Häfer, R. (Hg.), Identitätsarbeit heute. Klassische und aktuelle Perspektiven der Identitätsforschung, Frankfurt a. M.

Rosenthal, M. J. (1981), Sexual differences in the suicidal behaviour of young people. Adolescent Psychiatry 9: 422–442.

Stengel, E. (1967): Selbstmord und Selbstmordversuch. Frankfurt a. M.

Stolk, van, B.; Wouters, C. (1987): Frauen im Zwiespalt. Frankfurt a. M.

Tannen, D. (1993): Du kannst mich einfach nicht verstehen. Warum Männer und Frauen aneinander vorbeireden. Hamburg.

Trömel-Plötz, S. (Hg.) (1985): Gewalt durch Sprache. Frankfurt a. M.

Walters, M.; Carter, B.; Papp, P.; Silverstein, O. (1991): Unsichtbare Schlingen. Die Bedeutung der Geschlechtsrollen in der Familientherapie. Stuttgart.

Wiendieck, G. (1972): Zur appellativen Funktion des Suizid-Versuchs – Eine sozialpsychologische Studie. Unveröff. Diss., Köln.

Wirth, H.-J.; Brähler, E. (1994): Transkulturelle Aspekte des Geschlechterverhältnisses. Eine vergleichende sozialpsychologische Befragung deutscher und russischer Studierender. Psychosozial, Heft 55, 17/I: 27–43.

Benigna Gerisch

»Sterbe ich vor meiner Zeit, nenn' ich es noch Gewinn«[1]

Weiblichkeit und Suizidalität – Eine quellenkritische Sichtung traditioneller Erklärungsmodelle

»Wenn ... der Tod einen nimmt ..., ist es ein Mann. Aber wenn man sich selbst umbringt, ist es eine Frau«, schrieb die amerikanische Lyrikerin Anne Sexton (1979, S. 58), die sich 46jährig suizidierte. Sie brachte damit etwas pointiert zum Ausdruck, was auch im gegenwärtigen Alltagsbewußtsein tief verwurzelt ist, nämlich die Vorstellung, daß der Suizidversuch weiblich, der Suizid hingegen männlich ist.

Als ich mich vor Jahren infolge meiner psychotherapeutischen Arbeit mit einer suizidalen Klientel am Therapie- und Forschungszentrum für Suizidgefährdete in Hamburg, und dem weitaus höheren Anteil an Frauen auch in unserer Einrichtung, für das Thema der weiblichen Suizidalität zu interessieren begann, machte ich durchweg folgende Beobachtung: Während es gegenwärtig eine kaum mehr zu überblickende Fülle an Suizidliteratur und, angeregt durch psychoanalytische Autorinnen, eine wahre Weiblichkeitsrenaissance gibt, so ist man beim Thema der weiblichen Suizidalität noch immer konfrontiert mit dem vielzitierten »dark continent« (Freud 1933), der primär von imaginativen Vorstellungen zur Suizidalität von Frauen bevölkert ist.

Angeregt durch diese erstaunliche Beobachtung, entschloß ich mich, in meiner Dissertation »Suizidalität bei Frauen. Mythos und Realität. Eine kritische Analyse« (Gerisch 1998) die

---

1 Dieses Zitat ist aus »Antigone« von Sophokles.

herkömmlichen Erklärungsmodelle auf ihre impliziten und expliziten Weiblichkeitsentwürfe hin zu untersuchen.

Berücksichtigt man die lange – längst nicht überwundene – Tradition einer patriarchalischen Kultur- und Wissenschaftsgeschichte, die der »Affirmierung männlicher Selbstdefinition und Welterfahrung« (Rohde-Dachser 1991, S. 31) diente und in der die Frau immer schon vom Mann definiert wurde und in ihrer eigenen Subjekthaftigkeit nicht auffindbar ist, so gilt für die Erforschung der weiblichen Suizidalität Analoges. Denn es ist bemerkenswert, daß die hohe Suizidversuchsanfälligkeit von Frauen – sie unternehmen doppelt so häufig Suizidversuche wie Männer –, trotz der kaum noch zu überblickenden Fülle von Arbeiten zum Thema Suizid, außer in vergleichenden Untersuchungen mit Männern auch gegenwärtig kaum eigens abgehandelt wird. Nur sehr wenige Autorinnen haben sich bislang diesem Thema gewidmet, in Deutschland unter anderem Annemarie Dührssen (1967), Marikka Kneissl (1984) und kürzlich Christina Rachor (1995).

Die feministische Wissenschaftskritik hat gezeigt, daß das männliche wissenschaftliche Denken mit seinem universalistischen Anspruch die eigene Geschlechtsgebundenheit leugnet und sich zum Allgemeingültigen erklärt. Das hat zur Folge, daß spezifisch weibliche Lebenszusammenhänge und Artikulationsweisen entweder ausgeblendet oder nicht hinreichend erfaßt werden können und die Geschlechterdifferenz auch dort implizit enthalten ist, wo sie nicht explizit thematisiert wird (vgl. Hausen u. Nowotny 1986). In Anknüpfung an diese Ideologiekritik wird hier die These vertreten, daß auch die Suizidologie in der Tradition einer männlichen Wissenschaftsgeschichte steht.

Sehr erstaunt war ich demzufolge, als meine Thesen unlängst aus einer ganz anderen Forschungsrichtung Bekräftigung erhielten. In dem kürzlich erschienenen Buch »Trauer, Verzweiflung und Anfechtung. Selbstmord und Selbstmordversuche in mittelalterlichen und frühneuzeitlichen Gesellschaften« (Signori 1994) kommen die Autoren und Autorinnen aus Rechts-, Literatur- und Religionswissenschaft unisono zu folgender These: »Zumindest in einem Punkt aber überschneiden sich diese Vorstellungen und Haltungen (zum Suizid; die Verf.), und dies über die Jahrhunderte hinweg: Sie sind eng mit den herrschenden Geschlechterstereotypen und dem sozialen Status der Betroffenen verwoben« (Signori 1994, S. 7).

Und auch die amerikanische Autorin Canetto (1992) hat sich erst kürzlich in ihren Arbeiten mit diesem bisher kaum reflektierten Aspekt in der Suizidologie befaßt. Sie gelangt durch ihre wissenschaftskritische Sichtung angloamerikanischer empirischer Studien zum geschlechtsspezifischen Suizidverhalten zu der provokanten These, daß die vermeintlich objektiven Fakten des Suizidverhaltens nur als eine Reproduktion von Geschlechtsrollenstereotypen zu interpretieren sind und im Mythos des »She died for love and he for glory« verdichtet zum Ausdruck kommen.

Wenn es zutrifft, wie es Rohde-Dachser (1991) in ihrer Arbeit »Expedition in den dunklen Kontinent« formuliert hat, daß Weiblichkeitsentwürfe primär ein Abwehrkonstrukt männlicher Projektionen darstellen und im Dienst einer patriarchalisch determinierten Unsterblichkeitsphantasie stehen, so konnte vermutet werden, daß der Blick auf das Thema Suizidalität bei Frauen, in dem sich der Zusammenhang von Weiblichkeit und Tod aufs engste verdichtet, zweifach verstellt ist. Das heißt, die kritische Sichtung der vorliegenden Erklärungsmodelle im Hinblick auf die weibliche Suizidalität erforderte eine doppelte Interpretationsanstrengung, da sich in ihnen psychische Abwehrkonstellationen einerseits und kulturhistorische Prozesse andererseits verdichtet haben.

Die generelle Ausblendung einer geschlechterdifferenzierenden Sichtweise innerhalb der Suizidologie mag zum einen dadurch zu erklären sein, daß die Autoren fast ausnahmslos Männer sind; zum anderen aber drängt sich der Verdacht auf, daß Freuds Bekenntnis, ihm sei die weibliche Sexualität stets rätselhaft und unverständlich geblieben, auch die postfreudianische Theoriebildung nachhaltig geprägt hat. Noch entscheidender ist aber die Annahme, daß eine geschlechtsspezifische Betrachtung der Suizidalität – das gilt ebenso für andere Krankheitsbilder und pathologische Erscheinungen – auch nie intendiert gewesen ist, weil das »androzentrische Vorurteil« (Zilboorg 1944) einschließlich der Gleichsetzung des Menschen mit dem Mann eine solche Perspektive a priori aufhebt.

In meiner kritischen Sichtung der traditionellen Erklärungsmodelle gelangte ich zu folgenden Ergebnissen.
- Die Darstellung suizidalen Verhaltens von Frauen erfolgt in der Regel nicht nur durch männliche Autoren, deren Untersuchungen bereits selbst implizite Setzungen über die Differenz der Geschlechter enthalten, sondern das weibliche Suizidverhalten wird stets in Abgrenzung zum männlichen Suizidverhalten zu erfassen versucht. Mehr noch: Bei der Durchsicht der Suizidliteratur fiel auf, daß biologistisch orientierte Hypothesen ausnahmslos zur Erklärung des Suizidverhaltens von Frauen, nicht aber für das von Männern aufgestellt werden. Frauen unterliegen demnach den Einflüssen von Menstruation, Schwangerschaft und Klimakterium, nicht aber den Auswirkungen auch intrapsychisch bedeutsamer soziokultureller Prozesse. Soziokulturellen Aspekten wurden interessanterweise immer erst dann eine Bedeutung eingeräumt, wenn diese eine partielle Befreiung der Frau in Aussicht stellten. So gelten Emanzipation, Säkularisierung und Erwerbstätigkeit noch immer unbestritten als die Ursachen für den Anstieg der weiblichen Suizidrate und – im übrigen – auch für den Anstieg der Gewalttaten von Frauen (vgl. Wiese 1993).
- In den Theorien zum weiblichen Suizidverhalten kommt also weniger die Wirklichkeit der suizidalen Frau zum Ausdruck als vielmehr die Phantasien, Ängste und Projektionen des Mannes. Das Ausmaß der weiblichen Suizidproblematik wird folglich dort verortet, wo sich die Frau am eindeutigsten vom Mann unterscheidet: im Körper. Der weibliche Körper als Präsentationsort männlicher Projektionen ist als Weiblichkeitskonstruktion von den benachbarten Sozial- und Geisteswissenschaften schon längst diskursiv in den Blick genommen worden und ist damit kein neuer Gedanke (vgl. Adorno u. Horkheimer 1947; Bovenschen 1979; Hardach-Pinke 1982; Weigel u. Stephan 1983; Weigel 1989; von Braun 1985; Hausen u. Nowotny 1986; Schuller 1979, 1982, 1990; Rohde-Dachser 1991). Bemerkenswert ist aber, daß dieser Aspekt in den herkömmlichen Erklärungsversuchen der Suizidologie bisher kaum reflektiert wurde.

Mit der These von Rohde-Dachser (1991), nach der das Weibliche als Container abgewehrter Anteile des männlichen Selbst und des Todes fungiert, verstehe ich die Verankerung des Suizidalen in der biologischen Natur der Frau einerseits als Versuch des Mannes, das eigene Suizidale und die Angst vor der Sterblichkeit abzuwehren, und andererseits als Versuch, die interaktionelle Bedeutung der weiblichen Suizidhandlung zurückzuweisen.

Den Suizidversuch als soziokulturell determinierte frauenspezifische Artikulationsweise zu verstehen heißt, den zentralen Aspekt der identifikatorischen und intrapsychisch wirksamen Übernahme einer zugeschriebenen Wirklichkeit in den Blick zu nehmen. So ließe sich vorläufig festhalten, daß der per se autodestruktiv getönte weibliche Sozialisationsprozeß das hervorbringt, was gemeinhin als klassisch suizidale Persönlichkeit rezipiert und durch folgende Faktoren definiert wird: geringes Selbstwertgefühl, instabiles Identitätsgefühl, Selbsthaß, verunsicherte sexuelle Identität, gestörtes Körperbild, Aggressionshemmung, mangelnde soziale Kompetenz, Abhängigkeit von anderen und Sprachlosigkeit (vgl. Suter 1976). Diese Thesen möchte ich nun im einzelnen veranschaulichen.

In den Theorien zur weiblichen Suizidalität wird also a priori der Anschein erweckt, als seien die suizidbegünstigenden oder -hemmenden Ursachen allein in der sogenannten Natur der Frau zu suchen. Paradigmatisch für dieses Phänomen ist Durkheims – längst nicht überwundene – Argumentationsweise aus dem Jahr 1897. Erstaunlich war nämlich, daß Durkheims zentraler These der suizidhemmenden sozialen Integration der Individuen die empirischen Befunde über das weibliche Suizidverhalten widersprachen. So zeigte sich, daß unverheiratete Frauen weniger suizidgefährdet waren als verheiratete Frauen ohne Kinder. Mehr noch: Während in den Ländern mit der rechtlichen Möglichkeit einer Ehescheidung die Selbsttötungsrate der Frauen sank, erhöhte sich dieselbe bei den Männern. Da sich die relative Suizidimmunität der Frau folglich nicht mit der protektiven Funktion der Ehe erklären ließ, sah sich Durkheim zugunsten der Aufrechterhaltung seiner Theorie offenbar gezwungen, eine biologisch-instinkthafte Steuerung der Frau zu postulieren, die er wie folgt herleitete:

»Die sexuellen Bedürfnisse haben nämlich bei der Frau einen weniger geistigen Charakter, weil allgemein gesprochen ihr geistiges Leben weniger entwickelt ist ... . Da die Frau ein viel instinktiveres Wesen ist als der Mann, braucht sie diesen Instinkten nur zu folgen, um Ruhe und Frieden zu finden« (Durkheim 1987, S. 313).

Dieses Postulat enthält bekannte, immer wiederkehrende Implikationen: Die Frau bedarf nicht nur nicht der sozialen Integration, da es ihr Körper ist, der die notwendige normative Regulation übernimmt, sondern es ist gerade auch ihr Körper, der sie von der Teilhabe an der Öffentlichkeit ausschließt. Darüber hinaus wird mit dieser Hypothese nicht mehr nach der ja durchaus vorhandenen Motivation der Frau zum Suizid gefragt. Hätte Durkheim seine Argumentation nur konsequent genug fortgesetzt, dann hätte er wohl erkennen müssen, daß Frauen, insbesondere im 19. Jahrhundert, sowohl in der Ehe als auch mit ihrer sozialen Rolle in einem hohen Maß unzufrieden waren.

Es soll deutlich gemacht werden, daß sich der um die Frau rankende Begriff der Natur selber schon das »Produkt einer Entfremdung« (von Braun 1985) ist, der, je nach Bedarf, unterschiedlich gefüllt wird. In Anknüpfung an die in den USA entfachte Sex-und-gender-Debatte, nach der das biologische vom soziokulturellen Geschlecht zu unterscheiden sei, geht der amerikanische Historiker Laqueur (1990) – in seiner ausgezeichneten Studie über »Die Inszenierung der Geschlechter von der Antike bis Freud« – noch einen Schritt weiter. Er vertritt die These, daß die physiologische Ausstattung von Mann und Frau keineswegs als ontogenetische Konstante aufgefaßt wurde, sondern daß auch die verschiedenen Interpretationen der Sexualorgane immer schon fest in kulturellen Programmen verankert waren.

Durkheims Argumentation als antiquierte Sichtweise des ausgehenden 19. Jahrhunderts abzutun, würde demnach zu kurz greifen. Denn auch die biologistischen Hypothesen des 20. Jahrhunderts zu den geschlechtsspezifischen Unterschieden im Suizidverhalten unterscheiden sich kaum von Durkheims These der »biologisch-instinktgeleiteten« Frau. So wird das differierende Suizidverhalten unter anderem auf die hormonelle Ausstattung der Frau, und damit auf die Menstruation zurückgeführt. Eine Tradition, die letztlich an Hippokrates anknüpft. Schon er glaubte, daß Selbsttötungstendenzen während der Menstruation deshalb vermehrt auftreten würden, weil die »Fäulnis des Blutes« zur »Geistesverdunkelung« und zu »schreckerregenden Halluzinationen« führe (zit. nach Krebs 1982). Der sich dann im 19. Jahrhundert vollziehende Wandel von der Fruchtbarkeit des weiblichen Körpers zu dessen »Krankhaftigkeit« trägt die Ansätze einer zweifachen Abwehrbewegung: Die Kastrationsangst des Mannes führt zur These des beschädigten und verletzten Frauenkörpers, und die abgewehrte Todesangst bringt die Vorstellung von der »Giftigkeit des weiblichen Blutes« hervor, nach der die Berührung mit der Frau zur Berührung mit dem Tod wird (vgl. von Braun 1985, S. 119ff.). Die prägenden Auswirkungen dieser phantasmatischen Ausgestaltungen auf die Suizidtheorien sind dabei unübersehbar. Denn das gehäufte Vorkommen von Suizidversuchen während verschiedener Phasen des Menstruationszyklus, eine Kovariation, die aufgrund methodischer Probleme als umstritten gilt, führte seit Anfang des Jahrhunderts bis heute vorwiegend unter männlichen Suizidologen zu einer hitzigen Debatte darüber, ob denn nun die praemenstruelle, menstruelle oder postmenstruelle Phase die suizidprädisponierende Zeitspanne sei (vgl. zusammenfassend Schmidke 1988). Die Bedeutung hormoneller Prozesse für die Psyche der Frau soll nicht in Abrede gestellt werden, aber ich vertrete die These, daß die individuelle Erlebensweise nicht allein naturgesetzlich verankert, sondern, wie auch ethnopsychoanalytische Vergleiche zeigen, in hohem Maß kulturspezifisch geprägt ist (vgl. Nadig 1990).

Auch zu dem Phänomen der gleichwohl seltenen suizidalen Handlungen während oder nach der Schwangerschaft existieren zahlreiche epidemiologische Untersuchungen, in denen diskutiert wird, zu welchem Zeitpunkt der Schwangerschaft es zu mehr oder weniger gewaltsamen Suizidversuchen oder Suiziden komme (vgl. zusammenfassend Schmidke 1988). Als auslösende Faktoren gelten primär hormonelle Veränderungen einschließlich der als hormonell bedingt interpretierten Schwangerschaftspsychosen. Nur mehr am Rand werden auch »soziale Gründe« oder Partnerschaftsprobleme in Betracht gezogen. Übereinstimmend wird aber konstatiert, daß die Schwangerschaft gegen Suizid und Suizidversuch einen quasi natürlichen Schutz darstelle. Und dort, wo die Natur ihren Dienst versagt, kommt es dann, bei hartnäckiger Verleugnung der psychischen Bedeutung von Mutterschaft (vgl. dazu Berger 1987, 1988, 1989a, 1989b), zu der eigentümlichen These, daß Suizide in der Schwangerschaft ohne Beziehung zur Schwangerschaft selbst stünden (vgl. z. B. Barno 1967).

Im Gegensatz zur »Krankhaftigkeit« des weiblichen Körpers findet sich im Zusammenhang mit den geschlechtsspezifischen Unterschieden in der Methodenwahl die These der narzißtischen Überbewertung des Körpers bei der Frau. Die Wahl weniger körperentstellender Suizidversuchsmethoden von Frauen wird auch darauf zurückgeführt, daß Frauen, selbst über ihren Tod hinaus, eitler seien und daher ein Verhalten meiden würden, das ihren Körper schädige (vgl. z. B. Diggory u. Rothman 1961; Lester 1969). Diese Interpretationen wecken den Verdacht, als hätte sich tief ins weibliche Imaginäre das Leitmotiv der Kunstproduktion im 19. Jahrhundert, das der »schönen Leiche« (vgl. Bronfen 1994) eingeschrieben, nämlich so, als folgten die Frauen unbewußt Edgar Allan Poes (1846) ästhetischer Maxime, für den der Tod einer schönen Frau das poetischste Thema der Welt war (vgl. auch Schuller 1979; Bronfen 1987, 1992, 1994).

Während der Frau die Ästhetisierung des Körpers üblicherweise als Faktum ohne Hintergrund bescheinigt wird, so wird dieses Phänomen bei Freud (1933) als kompensatorische Reaktion der Frau auf ihre anatomische Mangelausstattung beschrieben. Ihm zufolge wird der Blick in den Spiegel für die Frau nur selten zu einer grandiosen Selbstbespiegelung als vielmehr zu einer selbstkritischen Suche nach dem Mangel, in die der antizipierte männliche Blick bereits eingebunden ist (vgl. auch Akashe-Böhme 1992).

Ferner wird dem weiblichen Suizidversuch a priori die Ernsthaftigkeit abgesprochen, weil Frauen vom Suizidversuch geradezu inflationär Gebrauch machen würden und weil sie deutlich häufiger als Männer »weiche« Methoden verwenden würden. Es wird zwar immer wieder betont, daß Suizidversuch und Suizid als unterschiedlich motivierte Verhaltensmuster einzuschätzen seien, daß also der Suizidversuch nicht zwangsläufig als ein mißglückter oder vorgetäuschter Suizid interpretiert werden dürfe, und doch bleibt die tödlich endende Suizidhandlung hinsichtlich der Frage der Ernsthaftigkeit das normsetzende Kriterium.

Bei der Suizidversuchshandlung von Frauen – das gleiche gilt aber auch für Männer – ist in der Regel nicht der Tod das Ziel, aber Frauen meinen es ernst mit dem kommunikativen Gehalt des Suizidversuchs. Schon der für den Suizidversuch synonym gebrauchte Terminus »Theaterselbstmord« (Schmidt 1938) verrät, daß sich die im Rahmen der Hysteriedebatte des ausgehenden 19. Jahrhunderts verwendeten Begriffe wie Täuschung und Simulation als weibliche Attribute erneut Geltung verschaffen. Das Pendant zur »identitätslosen« Hysterikerin, die sich mit der »proteusartigen Verwandlungskunst« (Weininger 1905) ihres Körpers den gängigen medizinisch-psychiatrischen Kategorisierungen entzog, ist gegenwärtig die weibliche Suizidantin mit dem latenten Sinn ihrer Suizidversuchshandlung. Der Simulationsstreit von einst, der darin gipfelte, der Hysterikerin ein großangelegtes Täuschungsmanöver zu unterstellen (vgl. von Braun 1985; Schuller 1982; 1990), ist heute durch die Annahme abgelöst, daß es dem weiblichen Suizidversuch grundsätzlich an Ernsthaftigkeit mangelt. Weil die Frau es mit dem Tod nicht ernst meint, wird der intentionale Gehalt ihrer Suizidversuchshandlung auf ein hysteriformes Agieren reduziert. Zusammengefaßt entlarvt die Metapher vom »Theaterselbstmord« nicht nur die Bagatellisierung des gleichwohl verborgenen Leidens der Frau, sondern sie eignet sich auch, um den bedrohlichen Impuls der Suizidhandlung abzuwehren.

Obwohl schon Gaupp (1905) ein einfaches Kausalitätsmodell, das Ursache und auslösendes Motiv des Suizidversuchs schlüssig zu benennen vermag, in Frage stellte, wird übereinstimmend die Auffassung vertreten, »She died for love and he for glory«, wie Canetto (1992) diesen Mythos pointiert zusammenfaßte; das heißt, daß Frauen infolge partnerschaftlicher Konflikte, Männer demgegenüber aufgrund ernstzunehmender Probleme mit ihrer Erwerbstätigkeit zum Suizidversuch motiviert werden. Mehr noch: Das Scheitern in Liebesbeziehungen wird nicht auf deren denkbare dysfunktionale Struktur, sondern auf vermeintlich naturgegebene Persönlichkeitsmerkmale der Frau, wie Schwäche und Abhängigkeit, zurückgeführt. Die männliche Suizidhandlung erscheint demgegenüber als eine mutige und letztlich heroische Tat (vgl. Canetto 1992).

Auch in den psychoanalytischen Theorien, so ergab meine kritische Sichtung (vgl. Gerisch 1998) von Arbeiten seit 1910 bis 1992, wird dem weiblichen Suizidverhalten so gut wie keine Aufmerksamkeit eingeräumt. Es steht zu vermuten, daß das auf dem phallischen Monismus basierende Freudsche Theoriegebäude nicht nur dessen eigene Sicht- und Verstehensweise des Weiblichen als einem Nicht-Mangel-Wesen verdunkelt und verstellt hat, sondern auch die postfreudianische Theoriebildung nachhaltig geprägt zu haben scheint. Während im Kontext der Freudschen Theoriebildung (vgl. Freud 1917) die zwei zentralen suizidprädisponierenden Faktoren, die Aggressions- und Narzißmusproblematik, als ubiquitäre Gegebenheiten der weiblichen Entwicklung dargestellt werden, so wird in der Narzißmustheorie der Suizidalität (Henseler 1974) das Stereotyp der erhöhten narzißtischen Labilität von Frauen reproduziert, obwohl die hohe Suizidrate des Mannes eine entgegengesetzte Schlußfolgerung nahelegt. Das objektbeziehungstheoretische Modell von Kind (1992) stellt zwar eine theoretisch wie klinisch sinnvolle Ergänzung zu bestehenden Erklärungsversuchen dar, aber auch hier wird auf eine geschlechterdifferente Sicht verzichtet.

Die Erklärung für das Suizidale in der – anderen – Natur der Frau zu suchen, hieße nichts anderes, als phantasmatische Ausgestaltungen über das Wesen der Frau vorzufinden und im Gewand einer Theoriebildung als Wirklichkeitskonstruktion fortgesetzt zu bestätigen.

Als vorläufiges Ergebnis und Ausblick meiner Forschung vertrete ich die These, daß ein differenziertes Verständnis der Suizidalität nur dann möglich erscheint, wenn die traditionellen Erklärungsversuche einschließlich ihrer männlichen Weiblichkeitsimaginationen kritisch hinterfragt werden und eine hinreichende Unterscheidung zwischen männlichen und weiblichen Entstehungsbedingungen der Suizidalität vorgenommen wird. Verkürzt formuliert, kann ein differenzierter Zugang zur weiblichen Suizidalität nur unter Berücksichtigung der Konstituierung von weiblicher Identität und Subjektivität gelingen.

So gebe ich mich der Hoffnung hin, daß Peter Sloterdijk recht haben möge, wenn er schreibt: »doch der Skandal des Menschen besteht darin, daß er sich finden kann, ohne sich gesucht zu haben« (1993, S. 16f.).

Literatur

Adorno, T. W.; Horkheimer, M. (1947): Dialektik der Aufklärung. Frankfurt a. M., 1984.

Akashe-Böhme, F. (1992): Frau/Spiegel – Frau und Spiegel. In: Akashe-Böhme, F. (Hg.), Reflexionen vor dem Spiegel. Gender Studies. Frankfurt a. M., S. 9–11.

Barno, A. (1967): Criminal abortion death, illigitimate pregnancy deaths and suicides in pregnancy. American Journal of Obstetrics and Gynecology 98: 356–357.

Berger, M. (1987): Das verstörte Kind mit seiner Puppe – Zur Schwangerschaft in der frühen Adoleszenz. Prax. Kinderpsychol. Kinderpsychiatr. 36: 107–117.

Berger, M. (1988): Die Mutter unter der Maske. Zur Entwicklungsproblematik von Kindern adoleszenter Eltern. Prax. Kinderpsychol. Kinderpsychiatr. 37: 333–345.

Berger, M. (1989a): Klinische Erfahrungen mit späten Müttern und ihrem Wunschkind. Prax. Kinderpsychol. Kinderpsychiatr. 38: 16–24.

Berger, M. (1989b): Zur Bedeutung des »Anna-selbdritt«-Motivs für die Beziehung der Frau zum eigenen Körper und zu ihrem Kind. In: Hirsch, M. (Hg.), Der eigene Körper als Objekt. Berlin/Heidelberg/New York, S. 241– 277.

Bovenschen, S. (1979): Die imaginierte Weiblichkeit. Exemplarische Untersuchungen zu kulturgeschichtlichen und literarischen Präsentationsformen des Weiblichen. Frankfurt a. M.

Braun, C. von (1985): Nicht ich. Logik, Lüge, Libido. Frankfurt a. M.

Bronfen, E. (1987): Die schöne Leiche. Weiblicher Tod als motivische Konstante von der Mitte des 18. Jahrhunderts bis in die Moderne. In: Berger, R.; Stephan, I. (Hg.), Weiblichkeit und Tod in der Literatur. Köln/Wien, S. 87–115.

Bronfen, E. (1992): Die schöne Leiche. Weibliche Todesbilder in der Moderne. München.

Bronfen, E. (1994): Nur über ihre Leiche. Tod, Weiblichkeit und Ästhetik. München.

Canetto, S. (1992): She died for love and he for glory: gender myths of suicidal behavior. Omega 26: 1–17.

Diggory, J. C.; Rothman, D. Z. (1961): Values destroyed by death. Journal of Abnormal and Social Psychology 63: 205–210.

Dührssen, A. (1967): Zum Problem des Selbstmords bei jungen Mädchen. Göttingen.

Durkheim, E. (1897): Der Selbstmord. Frankfurt a. M., 1987.

Freud, S. (1917): Trauer und Melancholie. G.W. Bd. X. Frankfurt a. M., S. 427–446.

Freud, S. (1933). Neue Folge der Vorlesungen zur Einführung in die Psychoanalyse. G.W. Bd. XV. Frankfurt a. M.

Gaupp, R. (1905): Über den Selbstmord. München.

Gerisch, B. (1998): Suizidalität bei Frauen. Mythos und Realität. Eine kritische Analyse. Tübingen.

Hardach-Pinke, I. (1982): Schwangerschaft und Identität. In: Kamper, D.; Wulf, C. (Hg.), Die Wiederkehr des Körpers. Frankfurt a. M., S. 193–208.

Hausen, K.; Nowotny, H. (Hg.) (1986): Wie männlich ist die Wissenschaft? Frankfurt a. M.

Henseler, H. (1974): Narzißtische Krisen. Zur Psychodynamik des Selbstmords. Opladen.

Kind, J. (1992): Suizidal. Psychoökonomie einer Suche. Göttingen.

Kneissl, M. (1984): Suizidversuche bei Frauen. Dissertation am Fachbereich Erziehungswissenschaften. Marburg.

Krebs, W. (1982): Zukunftserleben und Selbsttötung. Dissertation. Frankfurt a. M./Bern.

Laqueur, T. (1990): Auf den Leib geschrieben: die Inszenierung der Geschlechter von der Antike bis Freud. Frankfurt a. M.

Lester, D. (1969): Resentment and dependancy in the suicidal individual. Journal of Genetic Psychology 81: 137–145.

Nadig, M. (1990): Die gespaltene Frau – Mutterschaft und öffentliche Kultur. Psyche 44: 53–70.

Poe, E. A. (1846): The Philosophy of Composition. Essays and Reviews. Literary Classics of the United States, 1984.

Rachor, C. (1995): Selbstmordversuche von Frauen. Ursachen und soziale Bedeutung. Frankfurt a. M./New York.

Rohde-Dachser, C. (1991): Expedition in den dunklen Kontinent. Weiblichkeit im Diskurs der Psychoanalyse. Berlin/Heidelberg/New York.

Schmidke, A. (1988): Verhaltenstheoretisches Erklärungsmodell suizidalen Verhaltens. Regensburg.

Schmidt, G. (1938): Erfahrungen an 700 Selbstmordversuchen. Nervenarzt 11: 353–358.

Schuller, M. (1979): Literarische Szenerien und ihre Schatten. Orte des »Weiblichen« in literarischen Produktionen. In: Ringvorlesung »Frau und Wissenschaft«. Marburg, S. 79–103.

Schuller, M. (1982): »Weibliche Neurose« und Identität. Zur Diskussion der Hysterie um die Jahrhundertwende. In: Kamper, D.; Wulf, C. (Hg.), Die Wiederkehr des Körpers. Frankfurt a. M., S. 180–192.

Schuller, M. (1990): Im Unterschied. Lesen/Korrespondieren/Adressieren. Frankfurt a. M.

Sexton, A. (1979): A Self-Portrait in Letters. Hg. v. L. G. Sexton u. L. Ames. Boston.

Signori, G. (Hg.) (1994): Trauer, Verzweiflung und Anfechtung. Selbstmord und Selbstmordversuche in mittelalterlichen und frühneuzeitlichen Gesellschaften. Tübingen.

Sloterdijk, P. (1993): Weltfremdheit. Frankfurt a. M.

Sophokles (442 v. Chr.): Antigone. Tragödie. Stuttgart, 1992.

Suter, B. (1976): Suicide and women. In: Wolman, B.; Krauss, H. (Hg.), Between Survival and Suicide. New York, S. 165–185.

Weigel, S. (1989): Die Stimme der Medusa. Schreibweisen in der Gegenwartsliteratur von Frauen. Reinbek.

Weigel, S.; Stephan, I. (1983): Die verborgene Frau. Literatur im historischen Prozeß. Berlin.

Weininger, O. (1905): Geschlecht und Charakter. München, 1980.

Wiese, A. (1993): Mütter, die töten. Psychoanalytische Erkenntnis und forensische Wahrheit. München.

Zilboorg, G. (1944): Männlich und weiblich. Biologische und kulturelle Aspekte. In: Hagemann-White, C. (Hg.), Frauenbewegung und Psychoanalyse. Basel, 1978, S. 183–276.

Der männliche Suizidale

Manfred Wolfersdorf

Depressive Männer

Einige klinische Anmerkungen

Vorbemerkungen

Eines der stabilsten Ergebnisse der Epidemiologie depressiver Erkrankungen ist das konstante Überwiegen des weiblichen Geschlechts (Übersicht bei Smith und Weissmann 1992). Die Punktprävalenz nach ICD-9 liegt für Frauen deutlich höher als für Männer, beispielsweise in Athen, Griechenland: Männer 4.3, Frauen 10.2, oder in Canberra, Australien: Männer 4.3, Frauen 7.7. Angst (1993) fand bei den unter 30jährigen Zürichern bei den unipolaren Depressionen eine Prävalenzrate für Männer von 22.0, für Frauen von 35.6. Der Geschlechtsunterschied war insbesondere bei der Major Depression beziehungsweise der Recurrent Brief Depression sehr groß (Männer 2.1, Frauen 7.4), während bei der Dysthymie Männer und Frauen sich weitgehend entsprachen (Frauen/Männer 0.9). In der oberbayerischen Studie von Fichter und Witzke (1990) liegt die Prävalenz für Frauen um 2,4mal höher als die für Männer. In der Literatur wird, sofern Geschlechtsunterschiede überhaupt aufgegriffen werden, im wesentlichen immer auf das bekannte Überwiegen der Frauen hingewiesen, wobei ein offensichtlich allgemein akzeptierter Zusammenhang zwischen Auslösung einer Depression und Reproduktionsvorgängen (prämenstruelles Syndrom, sog. Wochenbettdepression, Depression in der Schwangerschaft, Depression im Klimakterium) akzeptiert wird und neuerdings auch psychosoziale Aspekte, soziologische Erklärungsansätze, die sogenannte Artefakthypothese oder auch auf Erziehungsstile, Rollenverhalten und ähnliches abzielende Erklärungsmodelle für das Überwiegen von Frauen bei depressiven Erkrankungen herangezogen werden (Grünewald 1994; Hops 1996; Hammann 1996; Nuber 1991).

Überraschenderweise ist das Thema »depressive Männer« in der Literatur kaum bearbeitet. Die Mystikerin Hildegard von Bingen (1098–1179), Repräsentantin des 12. Jahrhunderts, als Benediktineräbtissin bekanntgeworden durch mystische, medizinorientierte Schriften (nach van Lieburg 1992), schreibt dazu, sie hätten »eine düstere Gesichtsfarbe, auch sind ihre Augen ziemlich feurig und dienen Vipern ähnlich. Sie haben harte und starke Gefäße, die schwarzes und dickes Blut in sich enthalten, ... hartes Fleisch und grobe Knochen, die nur wenig Mark enthalten«. Diese Männer würden sich »im Umgang mit Frauen ungezügelt wie Tiere verhalten«, zu keinem Menschen rechte Zuneigung entwickeln, sie seien »abstoßend im Verkehr«, »geizig und dumm, dabei in ihrer Wohllust ausschweifend und unmäßig«. Daß die depressiven Frauen noch beklagenswerter geschildert werden, sei gerechtigkeitshalber angemerkt. Hildegard von Bingen beschreibt die Entstehung der Melancholie entsprechend dem damals gültigem Konzept der Schwarzgalligkeit als Ätiologie von Depression unter Einbeziehung spiritueller Überlegungen. »Als aber Adam das Gebot übertreten hatte, wurde der Glanz der Unschuld in ihm verdunkelt, seine Augen, die vorher das Himmlische sahen, wurden ausgelöscht, die Galle in Bitterkeit verkehrt, die Schwarzgalle in die Finsternis der Gottlosigkeit und er selbst völlig in eine andere Art umgewandelt. Da befiel Traurigkeit seine Seele, diese suchte bald nach einer Entschuldigung dafür im Zorn. Denn aus der Traurigkeit wird der Zorn geboren, woher auch die Menschen von ihrem Stammvater her die Traurigkeit, den Zorn und was ihnen sonst noch Schaden bringt, überkommen haben.«

Männliches Geschlecht und Depression – einige Zahlen

Auf das konstante Überwiegen von Frauen in epidemiologischen Untersuchungen zur Depression wurde bereits hingewiesen (Fichter u. Witzke 1990; Smith u. Weissman 1992). Anderseits wurde in der oberbayerischen Studie beim Alkoholismus ein deutliches Überwiegen der Männer gefunden; die Sechsmonatsprävalenzrate betrug für Männer 10.4 und für Frauen 0.8. In stationären psychiatrischen Behandlungssettings (Wolfersdorf 1997a; Wolfersdorf et al. 1981) schwankte der Anteil depressiver Männer zwischen 20 und 40 Prozent.

Anekdotisch wird immer wieder auf das Überwiegen von Männern in Kurkliniken oder Psychosomatischen Kliniken für orthopädische Erkrankungen hingewiesen; es scheint daß Menschen mit Bandscheibenschäden sowie mit Suchterkrankungen, hier insbesondere Alkoholkrankheit, überwiegend Männer sind. In der Versorgungsliteratur finden sich immer wieder Anmerkungen, daß hingegen Beratungsstellen, Kriseninterventionsstellen, etwa auch die Telefonseelsorge und ähnliche Einrichtungen überwiegend von Frauen mit Depressivität und Suizidalität und kaum von Männern in Anspruch genommen werden; der Anteil der weiblichen Anrufer in der Telefonseelsorge liegt üblicherweise bei über 60 Prozent (Wolfersdorf et al. 1992).

Aus der Suizidforschung ist ein deutliches Überwiegen der Männer bei den statistischen Werten bekannt. So betrug die Zahl der Suizide 1997 in Deutschland bei den Männer 8728, bei den Frauen 3498 (Schmidtke 1997, persönliche Mitteilung); die Suizidrate belief sich bei den Männern auf 21,8, bei den Frauen auf 8,3. Umgekehrt ist die Situation bei den Suizidversuchsraten, die nach Schätzung aus der Würzburger Region für Gesamtdeutschland bei den Männern 1997 bei 122, bei den Frauen bei 147 lag. Bekannt ist das Überwiegen der harten Suizidmethoden bei den Männern und der sogenannten weichen bei den Frauen sowie die Zunahme der Suizide im höheren Lebensalter, wobei die Zahl der Frauen in den letzten Jahren in Deutschland zwar zugenommen hat, die alten Männer aber weiterhin deutlich überwiegen und eine Hochrisikogruppe darstellen.

Die Literatur zur Depression bei Frauen zeigt, daß diese im Vergleich zu Männern zwar genauso oft eine erste depressive Episode erleben, jedoch deutlich häufiger eine zweite depressive Episode erleiden und zu einem rezidivierenden Verlauf neigen. In einer Gemeindestichprobe fand sich bei Frauen ein generell erhöhtes Risiko für das erneute Auftreten einer depressiven Episode. Zeigen Männer jedoch eine Wiedererkrankung, so muß der Gesamtkrankheitsverlauf nicht günstiger sein als der von Frauen (Lewinsohn et al. 1989; Übersicht bei Ruppe 1996). Andere Befunde scheinen darauf hinzudeuten, daß Frauen im höheren Lebensalter häufiger zu chronischen Verläufen neigen, einen ungünstigeren Zustand bei Entlassung aus der Indexepisode aufweisen, bei Ersterkrankung jünger sind und häufiger wieder stationär in Behandlung kommen (Wolfersdorf et al. 1981; Winokor u. Morrison 1973). Andere Untersuchungen konnten jedoch keine geschlechtsspezifischen Unterschiede zeigen. So fanden Keller et al. (1991) bei Frauen weder einen ungünstigeren Zustand bei der Entlassung aus klinischer Behandlung, noch eine längere stationäre Aufenthaltsdauer (Wolfersdorf et al. 1981) noch einen ungünstigeren Verlauf in einer Einjahreskatamnese (Keller et al. 1991).

In grober Vereinfachung könnte man aus klinischer Sicht davon ausgehen, daß sich Männer hinsichtlich der Komorbidität von Depression und Alkoholismus, Multimorbidität, Depression und körperliche Erkrankung, harter Suizidalität und Suizidhäufigkeit eindeutig von Frauen unterscheiden, die wiederum häufiger wegen Depression in Behandlung sind, mehr depressive Episoden erleben und ein anderes Inanspruchnahmeverhalten zeigen.

Ätiopathogenetische Überlegungen

Der Schwerpunkt ätiopathogenetischer Fragestellungen bei der Betrachtung geschlechtsspezifischer Unterschiede der Depression lag bisher eindeutig bei den Frauen und hier bei dem Versuch, die gesicherte höhere Betroffenenzahl durch Konzepte der Ursachen- und Auslösungsforschung zu belegen. Es wurden biologisch-endokrinologische Aspekte, die Artefakthypothese, Ergebnisse der Viktimisierungsforschung und soziologische Überlegungen diskutiert und darauf hingewiesen, daß die bekannten weiblichen phasenhormonellen Veränderungen jeweils auch mit Veränderungen psychologischer und psychosozialer Rahmenbedingungen einhergehen (Übersicht siehe Grünewald 1994). Die Artefakthypothese geht von einem gleichen Erkrankungsrisiko an Depression für Männer und Frauen aus, führt jedoch die höheren Raten bei Frauen auf ein anderes Inanspruchnahmeverhalten, auf die berufliche Situation, auf die Zufriedenheit mit der Situation, auf soziologische Aspekte oder Mißbrauchserfahrungen zurück. Grünewald (1994) kommt zu der Auffassung, daß der Zivilstand des Verheiratetseins für Männer einen eher antidepressiven Effekt zu haben scheint, während Frauen dadurch unter einem höheren Depressionsrisiko leiden. Verheiratete Männer haben in der Regel die niedrigsten Prävalenzraten von Depressionen, bei Verwitwung leiden jedoch mehr Männer an Depressionen als Frauen, so daß Männer wahrscheinlich aus den zwei Quellen Familie und Beruf Anerkennung und damit antidepressive Wirksamkeit beziehen; die Rolle der Hausfrau werde eher als frustrierend erlebt, weil sie mit geringem sozialen Prestige verbunden sei.

In der Studie von Brown und Harris (Brown 1996) wurden Arbeiterfrauen untersucht und als Vulnerablitätsfaktoren für depressive Ersterkrankung das Fehlen einer vertrauensvollen Beziehung, das Fehlen eines eigenen Einkommens sowie das Vorhandensein mehrerer jüngerer Kinder gefunden. Grünewald (1994) überlegte, daß bei Männern eine stabile Beziehung depressionspräventiv wirksam werden könnte, wenn ansonsten Belastungen in der Arbeitssituation auftreten, und daß bei Frauen die depressionsauslösenden Faktoren eher aus dem Bereich des unmittelbaren Beziehungsfelds stammen könnten.

In der tiefenpsychologisch-psychoanalytischen Literatur zur Depressionsentstehung wird der Aggression ein großer Stellenwert zugewiesen. In einer Untersuchung des Aggressionspotentials bei depressiven Patienten im Vergleich zu einer gesunden Kontrollgruppe fanden sich in beiden Gruppen beim Geschlechtsvergleich keine Unterschiede hinsichtlich des Ausmaßes von körperlicher und verbaler Aggression, von indirekter Aggression, von Oppositionsverhalten, aggressiver Reizbarkeit, aggressivem Mißtrauen, aggressiver Eifersucht bei Männern und Frauen. Bei den gesunden Kontrollen wiesen die Frauen im Trend höhere Werte gehemmter Aggression auf; bei den Depressiven waren Männer und Frauen darin gleich. Depressive Männer hatten häufiger Schuldgefühle als depressive Frauen; bei der gesunden Kontrollgruppe waren die Ergebnisse im Trend umgekehrt (Wolfersdorf u. Kiefer 1998).

Das klinische Konzept des Typus Melancholicus nach Tellenbach (1961) beschreibt einen Menschen, der sich durch Rigidität, Verhaftetsein am Traditionellen, Eingeschlossensein in Normen (Inkludenz), Zurückbleiben in den Entwicklungsansprüchen (Remanenz), Überordentlichkeit, Überangepaßtheit an Leistungs- und ethisch-moralische Normen auszeichnet. In psychodynamischen Modellen der Depressionsgenese (Wolfersdorf 1995, 1997b) hat man den Eindruck, daß den Autoren zumindest bei der Betonung von Leistungsorientiertheit, Neigung zu Perfektionismus und Überangepaßtheit sowie Aggressionshemmung ein eher »männlicher depressiver Patient« vorschwebte. An anderer Stelle (Wolfersdorf et al. 1998) konnte gezeigt werden, daß sich in der Symptomatik einer akuten Depression zwischen Männern und Frauen keine Unterschiede finden und das klinische Bild geschlechtsunspezifisch ist. Beim Verlauf depressiver Erkrankungen fand Grünewald (1994) eine Häufigkeit von Rückfällen bei depressiven Männern und Frauen in Abhängigkeit von sozialen Faktoren; vor allem Frauen, die mit ihren Partnerbeziehungen nicht zufrieden waren, erlitten signifikant häufiger Rückfälle als solche, die in ihrer Partnerbeziehung Zufriedenheit erlebten. Frauen, die bei der Indexaufnahme mit sozialen Gegebenheiten gut zurechtkamen, hatten außerdem tendenziell weniger Rückfälle.

Ruppe (1996) verglich im Rahmen einer 6-Jahres-Katamnese ehemals stationärer depressiver Patienten soziographische und klinische Faktoren bei Männern und Frauen (Tab. 1). Hier waren Männer, wenngleich nicht signifikant, im Mittel bei der Indexepisode jünger; hinsichtlich der Anzahl von Ersterkrankungen fanden sich keine signifikanten Unterschiede. Zwar war die Phasenzahl bei Frauen retrospektiv größer mit 4,4 versus 2,7 bei den Männern, dies trennte jedoch ebenfalls nicht signifikant. Zum Zeitpunkt der Aufnahme und der Entlassung

Tabelle 1: Geschlechtsspezifische Unterschiede
in soziodemographischen und klinischen Faktoren (n=53)
nach Ruppe 1996

		Frauen (n = 32)	Männer (n = 21)	Sign.
Alter	Indexepisode	49.7 (15.2)	47.6 (10.7)	n.s.
	Ersterkrankung	40.6 (18.9)	39.2 (13.9)	n.s.
Partner/in	ja	53% (n=17)	81% (n=17)	p=.046[a]
Suizidalität	Indexepisode	38% (n=11)	48% (n=10)	n.s.
Suizidversuch	Anamnese	22% (n=7)	33% (n=7)	n.s.
	1. Katamnesejahr	9% (n=3)	5% (n=1)	n.s.
	2.–6. Katamnesej.	13% (n=4)	14% (n=3)	n.s.
psychotisches Erleben	Anamnese oder Indexepisode oder Katamnese	6% (n=2)	38% (n=8)	p=.009[a]
Phasenanzahl	Anamnese	4.4 (5.2)	2.7 (2.8)	n.s.
stationäre Aufnahme	Anamnese	2.1 (2.8)	1.5 (1.2)	n.s.
	Katamnese	0.8 (1.4)	0.3 (0.8)	p=.12
Dauer der längsten Phase (Wochen)	Anamnese oder Indexepisode	33.8 (36.2)	49.2 (61.7)	n.s.
HAMD	Aufnahme	26.4 (9.0)	31.5 (8.0)	p=.05
	Entlassung	8.0 (6.4)	12.2 (8.2)	p<.10
	nach einem Jahr	7.4 (6.3)	6.9 (7.3)	n.s.
BDI	Aufnahme	19.9 (9.8)	25.1 (10.4)	p<.10
	Entlassung	9.8 (8.0)	11.0 (13.8)	n.s.
	nach einem Jahr	7.6 (11.2)	9.1 (8.0)	n.s.
B-L	Aufnahme	26.5 (12.1)	33.8 (13.8)	p<.10
	Entlassung	17.2 (10.3)	20.7 (11.9)	n.s.
	nach einem Jahr	18.7 (12.6)	25.1 (15.8)	p=.15
Dauer des stationären Aufenthalts (Tage)	Indexepisode	83.2 (49.0)	83.2 (60.0)	n.s.

[a] Fisher Exact Test

boten Männer in der Fremdbeurteilung nach Hamilton ein schwereres Zustandsbild, sie waren auch hochsignifikant häufiger psychotisch im Sinn einer wahnhaften Depression und sie waren zum Zeitpunkt der Indexepidose und auch in der Anamnese, wenngleich nicht signifikant, so doch prozentual suizidaler.

Abschließende klinische Überlegungen

In der klinischen Diskussion werden heute zur Frage geschlechtsspezifischer Relevanz bei Depression neben klassischen Endogenitäts- und Verlaufsaspekten vor allem folgende Themen diskutiert:

Soziale Unterstützung (bei Frauen anscheinend bedeutsamer für Verlauf und Rückfallhäufigkeit bei Depressionen, bei Männern depressionspräventiv); »*neue Armut*« mit Zunahme chronischer Arbeitslosigkeit bei den Männern, aber auch bei den Frauen, was zu Selbstwertproblematik führt; *Feminisierung des höheren Lebensalters*, trotzdem hoher Anteil von depressiven Männern bei den über 80jährigen und hohe Suizidrate bei alten Männern; Bedeutung *körperlicher Erkrankungen*, Ausfall von Berufstätigkeit als typisches »Männerthema«.

Beschreibt man den typischen depressiven Mann, wegen einer schweren Depression in stationärer Behandlung, so findet man einen Patienten im mittleren und höheren Lebensalter, überwiegend berufstätig oder aber chronisch arbeitslos beziehungsweise mit entsprechender Altersberentung. Der depressive Mann ist meist verheiratet oder lebt in fester Beziehung. Die stationären Behandlungszeiten von Männern sind dabei nicht länger als die von Frauen, außer es handelt sich um besonders schwierige soziale Situationen, Chronifizierung, Verwitwung oder Pflegebedürftigkeit. Bei Männern findet der Ausdruck von Depressivität jedoch weniger auf emotionaler Ebene statt; eine Tendenz zur Somatisierung, zur Dysphorie und Reizbarkeit, zur latenten Aggressivität und zur Impulsivität wird eher bei Männern wahrgenommen. Bei den Therapieergebnissen finden sich jedoch gegenüber Frauen keine Unterschiede aus klinischer Sicht.

Als lebensgeschichtliche Vorläuferbedingungen werden bei Männern sehr viel häufiger ein emotionales Defizit, eine gestörte anale und intentionale Triebentwicklung angenommen, es treten eher Abwehrmechanismen wie Sublimierung auf. Bei den Elternbildern finden sich ein strenger Vater und eine überversorgende Mutter, was einerseits zu Leistungs- und Normorientiertheit, anderseits zu problematischen Ablösungssituationen von den Müttern führt. Die Auslösungsbedingungen einer Depression liegen für Männer meist im Arbeitsbereich, etwa Überforderung und Versagen bei Verlust der bisherigen Rolle, Rückstufung, Entlassung oder Beförderung, dann wegen Zwang zur Normerfüllung, wegen chronischer oder längerfristiger Arbeitslosigkeit oder auch körperlicher Erkrankung mit einschneidenden Rollenverlusten, mit Verlust von Einfluß und Macht und körperlicher Selbstverfügbarkeit. Das gilt auch für den Alterungsprozeß. Das Selbstbild von depressiven Männern ist meistens durch die Vorstellung eines »starken Versorgers« charakterisiert, so daß ein Scheitern in beruflicher Hinsicht sowohl als individuelle wie auch als Beziehungskatastrophe erlebt wird, wobei sich der »Träger der Ratio« schwer seine eigene Hilfsbedürftigkeit eingestehen kann und am ehesten über somatische Beschwerden, zum Beispiel eine chronische Lumbago, klagt. Die Gefahr des Abgleitens in eine Alkoholkrankheit über den Weg des kompensatorischen, eigentherapeutischen Mißbrauchs ist ebenfalls offensichtlich. Die Suizidalität von Männern wird eher als »hart« empfunden mit einem höheren Anteil an Todesintention, weniger als beziehungsorientierte Suizidalität, eher ein individuell-intimes Geschehen ohne »Rücksicht« auf Hinterbliebene.

Lassen sich hieraus therapeutische Konsequenzen ziehen? Hinsichtlich Psychopharmakotherapie der Depression sind Unterschiede zwischen Männern und Frauen bei Wirksamkeit oder Nebenwirkungen nicht bekannt. Die Konfliktthemen in der Psychotherapie ergeben sich bei Männern häufiger aus dem Arbeitsleben, aber auch aus dem Zusammenbrechen eine Beziehung mit vorher stabilisierender Funktion. Leistung, Ordentlichkeit und Perfektionismus, Normerfüllung oder Anpassung an eine dominante Mutterfigur werden häufiger Themen sein als beziehungsorientierte Aspekte bei Frauen. Dabei ist auch die Gegen- oder Gleichgeschlechtlichkeit bei Therapeut und Patient zu berücksichtigen. Weibliche Therapeuten werden möglicherweise eher Beziehungsthemen aufgreifen, männliche eher auf Leistungsaspekte und Fragen aus dem Arbeitsbereich eingehen.

Ob sich aus Obigem die Notwendigkeit einer geschlechtsspezifischen Depressionstherapie ableiten läßt, ist nach derzeitigem Wissensstand und aus der praktischen Erfahrung nicht zu beantworten. Jedoch sind derartige Aspekte im therapeutischen Umgang mit depressiven Männern (und Frauen) zu bedenken.

Fazit

Ausgehend von dem bekannten epidemiologischen Ergebnis, daß Frauen bei der Depression den Anteil von Männern deutlich überwiegen, wurde versucht, einige Aspekte des männlichen Depressiven zu erörtern. Dabei wurde auf das klinische Bild, tiefenpsychologische Aspekte, komplexe Modelle, manchmal in Abgrenzung zu Vorstellungen bei depressiven Frauen, eingegangen; Untersuchungsergebnisse aus eigenen Studien wurden einbezogen. Empfohlen wird, spezifische »Männerthemen«, die sich vorwiegend aus dem Bereich von Arbeit und Beruf, aber auch von Verlassenwerden – eher als Verlustthematik, weniger als Kränkungsproblematik – rekrutieren, in die Therapie miteinzubeziehen.

Literatur

Angst, J. (1993): Epidemiologie der Depression. Resultate aus der Züricher-Studie. In: Pöldinger, W.; Reimer, C. (Hg.), Depressionen. Therapiekonzept im Vergleich. Berlin/Heidelberg/New York, S. 1–14.

Brown, G. W. (1996): Onset and course of depressiv disorders: Summary of a research programme. In: Mundt, C. et al. (Hg.), Interpersonal Factors in the Origin and Course of Affective Disorders. London, S. 151–167.

Fichter, M. M.; Witzke, W. (1990): Affektive Erkrankungen. In: Fichter, M. M. (Hg.), Verlauf psychischer Erkrankungen. Berlin/Heidelberg/New York, S. 112–144.

Grünewald, I. (1994): Geschlechtsspezifische Unterschiede im Verlauf depressiver Erkrankungen unter besonderer Berücksichtigung sozialer Faktoren. Ergebnisse einer einjährigen prospektiven Katamnesestudie. Dissertation, Medizinische Fakultät der Universität Ulm, 1994.

Hammann, C. (1996): Stress families and the risk for depression. In: Mundt, C. et al. (Hg.), Interpersonal Factors in the Origin and Course of Affective Disorders. London, S. 101–112.

Hops, H. (1996): Intergenerational transmission of depressive symptoms: Gender and developmental considerations. In: Mundt, C. et al. (Hg.), Interpersonal Factors in the Origin and Course of Affective Disorders. London, S. 113–129.

Keller, F.; Hautzinger, M.; Wolfersdorf, M.; Steiner, B. (1991): Entlaß-Symptomatik als Prädiktor für Rückfall bei Depression: Eine ereignisorientierte Auswertung. Verhaltensmodifikation und Verhaltensmedizin 12: 186–200.

Lewinsohn, P. M.; Zeiss, A. M.; Doncan, E. M. (1989): Probability of relapse after recovery from an episode of depression. J. Abn. Psych. 98: 107–116.

Lieburg, M. J. van (1992): Frau und Depression. Impressionen aus der Geschichte einer Wechselbeziehung. Rotterdam.

Nuber, U. (1991): Die verkannte Krankheit Depression. Zürich.

Ruppe, A. (1996): Langzeitverlauf von Depressionen. Psychopathologische Faktoren als Risikofaktoren und Prädiktoren. Ergebnisse einer prospektiven 6-Jahres-Katamnese. Regensburg (insbes. Seite 136).

Schmidtke, A. (1997): Suizid- und Suizidversuchszahlen in Deutschland 1996. Persönliche Mitteilung.

Smith, A. L.; Weismann, M. M. (1992). Epidemiology. In: Paykel, E.

S. (Hg.), Handbook of Affective Disorders. 2. Aufl. New York/London, S. 111–129.
Tellenbach, H. (1961): Melancholie. Berlin/Heidelberg/New York.
Winokor, G.; Morrison, J. (1973): The Iowa 500: Follow-up of 225 depressives. Br. J. Psychiatry 123: 543–548.
Wolfersdorf, M. (1995): Depressive Störungen. Phänomenologie. Aspekte der Psychodynamik und -therapie. Psychotherapeut 40: 330–347.
Wolfersdorf, M. (1997a): 20 Jahre Weissenauer Depressionsstation: Konzeption, Entwicklung, Erfahrungen, heutiger Stand – ein Rückblick. In: Wolfersdorf, M. (Hg.), Depressionsstationen/Stationäre Depressionsbehandlung. Konzepte, Erfahrungen, Möglichkeiten heutiger Depressionsbehandlung. Berlin/Heidelberg/New York, S. 96–100.
Wolfersdorf, M. (1997b): Depressionen – Aspekte der Psychodynamik bei depressiven Störungen. Management of Depression. Letter Nr. 2. Arcis, München.
Wolfersdorf, M.; Straub, R.; Helber, I.; Kopittke, W.; Metzger, R.; Hole, G. (1981): Depressive Patienten in stationärer Behandlung. Erste Ergebnisse einer epidemiologischen Studie der Weissenauer Depressionsstation. Psychiatria Clinica 14: 226–244.
Wolfersdorf, M.; Koros, G.; Blattner, J. (1992): Inanspruchnahme und Stellung der Telefonseelsorge in der psychosozialen Versorgung. Krankenhauspsychiatrie 3: 103–113.
Wolfersdorf, M.; Grünewald, I.; Heß, H.; Rupprecht, U. (1998): Geschlechtsspezifische Unterschiede bei der Depression. Vortrag bei Psychiatrie-Tage Königslutter 1997.
Wolfersdorf, M., Kiefer, A. (1998): Depression, Aggression und Suizidalität: Sind suizidale Depressive aggressiver? Psychiat. Prax. 25: 240–245.

Jürgen Kind

Geschlechtertypische Suizidmotivation?

Ein klinischer Eindruck

Nach einer geschlechtertypischen Suizidmotivation zu fragen ist natürlich eine gewagte Sache, und ich habe den Titel deshalb auch abgemildert mit dem Zusatz »ein klinischer Eindruck«. Und zu diesem Eindruck möchte ich einige Überlegungen vorstellen. Bei der Suche nach einem geeigneten konzeptuellen Rahmen, in den sich die Überlegungen am besten einordnen ließen, fand ich das Narzißmuskonzept von Heinz Kohut (1973) am passendsten. Kohut nimmt zwei getrennte Entwicklungslinien des Narzißmus an. Eine bezieht sich auf die eigene Person, das Selbst, die andere bezieht sich auf die bedeutsamen anderen Personen, die Objekte. Entweder steht also das Selbst im Mittelpunkt des Interesses, oder es ist das am wichtigsten, was das Objekt tut. Und um diese beiden Pole geht es mir hier. Sie bilden den roten Faden.

Zunächst einige Fallbeispiele, zwei von Männern und zwei von Frauen.

– Ein heroinabhängiger Patient hatte sich in minutiöser Eigenarbeit einen Oldtimer hergerichtet. Ein Prunkstück. Stolz zeigte er den Wagen einem Freund, der auch voll des Lobes war, aber eine kleine Schramme auf dem polierten Holz des Armaturenbretts entdeckte und sie dem Patienten zeigte. Dieser erstarrte, sagte aber nichts. Zu Hause kämpfte er mit dem Gedanken, seinen Wagen zu zerstören. Er konnte den Impuls beherrschen, verlor aber fortan jegliches Interesse an seinem Wagen.

– Ein anderer Patient besaß einen roten Manta. Er hatte sich dieses Fahrzeug in liebevoller Kleinarbeit zu einem kleinen technischen Wundergerät ausgebaut. Was nur irgendwie möglich war wurde durch kleine Motoren ausgeführt, die wiederum durch Infrarotsteuerung betätigt wurden: Sitze, Außenspiegel, dazu eine Fülle von Anzeigen auf dem Armaturenbrett. Es sah im Inneren aus wie eine Flugzeugkanzel. In einer Diskothek lernte er eine Frau kennen. Als sie gemeinsam wegfahren wollten und sie sich in seinen Wagen zwängte, sagte sie: »Puh, scheint ja ein tolles Teil zu sein, aber bequemer wäre doch ein richtiges Auto.« Ein richtiges Auto ... Seine Beherrschung reichte noch aus, die Frau nach Haus zu fahren. Dann schlug er auf sein Auto ein, irrte noch eine Stunde im Wald umher und kämpfte mit dem Gedanken, sich umzubringen.

Zwei Männer fühlen sich gekränkt dadurch, daß sie in ihrem Wert zurückgestuft wurden, geraten darüber in Wut und zerstören das, was vollkommen schien – ihr Produkt beziehungsweise sich selbst.

Nun zwei Vignetten zu Patientinnen:

– Eine der vorherrschenden Suizidphantasien einer Patientin während einer längeren ambulanten Therapie war, begraben zu sein, wiederaufzuerstehen, neben dem Grab mich, ihren Therapeuten, mit einer roten Rose in der Hand zu treffen und dann mit mir Seite an Seite langsam auf einem Sandweg davonzugehen.

– Eine andere Patientin unternahm einen Suizidversuch am Meer, wurde gerettet und berichtete, auf diese Weise ihrem Vater, der Kapitän war, näher sein zu wollen. Sie schildert die tiefe Sehnsucht nach einem Vater, dem sie wichtig ist, der sie so nimmt, wie sie ist, und dem sie etwas bedeutet. Fragen nach ihrem Selbstwertgefühl irritieren sie: »Ob ich mir etwas Wert bin? Ich möchte, daß ich meinem Vater etwas Wert bin, dann ist es auch mit mir in Ordnung.«

Diese beiden Frauen fühlten sich nicht gekränkt, sondern fühlten sich von etwas getrennt, was ihnen lebensnotwendig war, und versuchten, Verbindung dazu herzustellen. Von etwas Typischem zu sprechen, ohne es mit größerem Zahlenmaterial belegen zu können, ist natürlich obsolet. Aber ich werde versuchen, etwas idealtypisch zu beschreiben, was möglicherweise an größeren Patientenzahlen überprüft werden könnte.

Narzißmus wird allgemein als Selbstliebe bezeichnet. Etwas breiter gefaßt, ist es das auf das Selbst gerichtete, um das Selbst kreisende Interesse, eine Art Ich-Bezogenheit. Wenn für Männer stärker sie selbst und ihre eigenen Angelegenheiten im Mittelpunkt ihres Interesses stehen und für Frauen stärker das Objekt, dann ist es auch folgerichtig, daß Männern Trennungen vom Objekt weniger ausmacht als Frauen, sie sind ja sozusagen mit sich selbst beschäftigt, haben dadurch immer ein Objekt bei sich und vermissen daher den anderen weniger.

Männer haben anscheinend mehr Probleme mit Kränkungen, Frauen mehr mit Trennungen. Diesen Unterschied kann man nach meiner Erfahrung oft bei Paaren erleben, die zur Krisenintervention kommen. Auf den ersten Blick scheint es so zu sein, daß Männern eine drohende oder vollzogene Trennung mehr zu schaffen macht als Frauen. Bei genauerem Hinsehen ist es das jedoch nicht. Männer erleben nach meinem Eindruck bei einer Trennung von ihrem Partner stärker die Kränkung und weniger den Verlust. Aus der Sicht des Mannes geht die Frau deswegen, weil er als Mann nicht genügte, nicht genug bot, körperlich, finanziell, intellektuell oder was auch immer ihm die Hauptwerte in der Beziehung waren. Nun hat er schon alles getan, was ein Mann tun kann, hat für Wohlstand und Ansehen gesorgt, vielleicht die Frau mit Geschenken und kleinen Aufmerksamkeiten verwöhnt und stets geliebt. Und dennoch, sie mag nicht mehr, ist unzufrieden, mißgelaunt, manchmal niedergedrückt.

Die Anstrengungen werden vermehrt. Der Mann fragt sich, ob seine Frau nicht zum Arzt muß. Sie will aber nicht zum Arzt. Sie will ihr eigenes Leben führen. Der Mann versteht diese Welt immer weniger, wird ratlos, hat er doch seiner Frau alles gegeben, was er konnte. Ein Mann, der immer nur hilft, für dessen Selbstwertgefühl aber unverzichtbar ist, eine Frau zu haben, die Hilfe braucht. Aus dieser Sicht gegenüber dem Partner, einer narzißtischen Sicht, sind die Trennungsbestrebungen der Partnerin identisch mit einer Abwertung seines Tuns. Der Satz: »Ich hab' doch alles nur für dich getan« ist eben nur ein halber Satz, dessen andere Hälfte lauten könnte: »... damit du mir Anerkennung gibst und ich mich als wertvoll erleben kann«. Trennt sich die Partnerin aus einer solchen Beziehung, da ihr die Rolle des Anerkennung zollenden Selbstobjekts nicht mehr ausreicht, ist das für den hier skizzierten Mann keine Trennung von einem selbständigen Objekt, das er wegen seiner Andersartigkeit schätzt und liebt und unter dessen Verlust er nun leidet, sondern es ist eine Herabstufung seines Selbstwertes, eine Kränkung.

Für die Frau, die in unserem etwas typisierten Beispiel vielleicht stärker die Eigenarten und Besonderheiten des Mannes liebte, ist Trennung eher ein Verlust.

Ich habe auch den Eindruck, daß Männer den Verlust einer Frau, wenn sie in stärkerem Maß die Funktion eines spiegelnden-bestätigenden Selbstobjekts übernommen hatte, nicht gut aushalten, schnell Ersatz benötigen und sich sehr bald nach einer neuen Partnerin umsehen, die die verlorengegangenen Funktionen übernehmen kann, und daß sie eine Phase des Alleinseins und der Reflexion darüber, was in der Ehe geschah, auslassen. In den beiden eingangs genannten Beispielen von Suizidalität bei Frauen ging es darum, die Verbindung zu einem bergenden Objekt wiederherzustellen, zu einem Objekt, dem man sich anvertrauen und bei dem man sich in Sicherheit fühlen konnte. Vielleicht kann man an dieser Stelle folgende Gegenüberstellung machen:

– Männer erleben in Trennungen von Objekten, von denen sie Anerkennung und Selbstwertzufuhr erwarteten, stärker Rückstufung und Abwertung und reagieren eher mit Kränkung.

– Frauen erleben in Trennungen stärker den Verlust von Zugehörigkeit. Es entsteht mehr ein Gefühl von Verlassenheit, weniger von Kränkung.

Bei Männern vollziehen sich Trennungskrisen eher im Bereich des *grandiosen Selbst*, bei Frauen eher in bezug auf das *allmächtige Objekt*.

Die Begriffe »grandioses Selbst« und »allmächtiges Objekts« stammen von Kohut, dem Begründer der Selbstpsychologie. Kohut (1973) stellt sich das ursprüngliche Erleben des Säuglings so vor, daß dieser zusammen mit seinem primären Objekt, in der Regel der Mutter, in einer so feinen Weise abgestimmt ist – man spricht von *attunement* –, daß man von einer Art vollkommener Einheit sprechen könne. Wegen des Vollkommenheitscharakters bezeichnet er diese Einheit als narzißtischen Primärzustand. Dieser erfährt natürlich im Lauf der Entwicklung und Ich-Reifung Einbußen. Je mehr Realität der Säugling, das spätere Kleinkind, wahrnimmt, um so mehr muß es auch wahrnehmen, daß es selbst nicht vollkommen ist und seine umgebenden Personen auch nicht. Und das führt zu Irritationen. Die Störung der primären vollkommenen Einheit mit der Mutter ist natürlich erst einmal ein fürchterlicher Verlust. Und in dieser Situation kann die Psyche zweierlei Wege einschlagen, um den Verlust zu verleugnen:

– Man kann so tun, als läge alle Vollkommenheit in einem selbst. Die anderen können mehr oder weniger nichts, man selbst kann alles, oder kann es zumindest sehr viel besser. Das ist der Weg der Herausbildung des sogenannten grandiosen Selbst.

– Oder – und das ist entgegengesetzte Weg – der Zustand von Vollkommenheit wird einem Objekt zugesprochen. Ich selbst bin zwar wenig, unvollkommen und klein, aber es gibt ein vollkommenes Objekt, mit dem ich in Verbindung stehe, und dadurch bin ich wieder heil. Das ist der Weg Herausbildung des sogenannten allmächtigen Objekts. In dem Kindergebet »Ich bin klein, mein Herz ist rein ...« ist genau dieser Punkt dargestellt. In einem kleinen, dafür reinen Herzen lebt ein allmächtiges Objekt.

Beiden Wegen ist gemeinsam, daß es überhaupt so etwas gibt wie Vollkommenheit. Die Existenz eines solchen Zustands scheint verteidigt werden zu müssen, um sich sicher zu fühlen. Einen solchen Vollkommenheitszustand kann immer nur einer haben, entweder man selbst oder das Objekt. Und wenn wir uns mit dem Objekt identifizieren, entsteht in uns das Gefühl: »So möchte ich auch sein oder werden.« Und diese Instanz, die wir dann im Auge haben, ist unser Ich-Ideal beziehungsweise unser ideales Selbst. Auf diese Weise kommen wir zu dem, was Kohut als »bipolares Selbst« beschrieben hat, bestehend aus dem Pol des grandiosen Selbst zum einen und dem des idealen Selbst zum anderen.

Zwei Möglichkeiten also, ein Gefühl von Unversehrtheit zu erzeugen:

– Entweder man ist selber unversehrbar,

– oder man schreibt diese Eigenschaften einem Objekt zu

und gerät durch Verbindung mit ihm in seinen Bereich von Größe und Schutz.

Beim ersten Pol geht es um Qualitäten von Einzigartigkeit, Vollkommenheit, letztlich um eine Unversehrbarkeitsphantasie (die übrigens besonders oft Ärzten anzuhaften scheint, einer Berufsgruppe, für die typisch ist, selbst nicht zum Arzt zu gehen). Beim zweiten Pol geht es um Zugehörigkeit, um Teil-von-jemandem-Sein.

Üblicherweise machen auf dem Weg zum gesunden Narzißmus beide Pole eine Entwicklung durch. Und diese geht nicht ohne schmerzhafte Erfahrungen, verbunden mit Kränkungen, Enttäuschungen und Frustrationen vor sich. Aber sie führt, vorausgesetzt, daß die Enttäuschungen und Kränkungen das Selbst nicht überfordern, zu einer Mäßigung und Umwandlung der narzißtischen Strebungen und zu einer zunehmend realitätsgerechteren Ausformung. Unsere Erwartungen an uns selbst und an andere entsprechen dann mehr unseren realen Möglichkeiten und denen unserer Bezugspersonen. Aber in der Regel können wir noch Reste des alten grandiosen Selbst und Reste an Hoffnungen an ein allmächtiges Objekt bei uns finden.

Cäsar soll einmal beim Anblick eines Alpenstädtchens gesagt haben: »Ich möchte lieber der Erste hier als der Zweite in Rom sein.«

Wird der Pol des grandiosen Selbst stärker aktiviert oder nähern wir uns auf regressivem Weg seiner archaischen Ausformung, dann können wir zum Beispiel im Traum fliegen. Eine Patientin stand in der Phantasie auf der Bühne, und die, die sie einst demütigten und kränkten, sollten unten sitzen und neidvoll und mit ohnmächtigem Haß zu ihr heraufschauen. Ein anderer Patient war sich seiner sein gedemütigtes Selbst kompensierenden Größenphantasien zunehmend bewußter geworden. Er war Arzt, und in einer Sitzung sagte er, er müsse seinem aufgeblähten Gefühl von Größe wohl einmal ein wenig Lefax (beseitigt Blähungen) verordnen. Wieder ein anderer Patient stellte sich in Situationen, in denen seine altruistisch-aufopferungsvollen Einsätze zum Wohl anderer Menschen nicht genügend gewürdigt wurden und er dafür nicht genügend geliebt wurde, vor, Rambo-artig, mit schwerstem Gerät bewaffnet, in Rachefeldzügen alle zu vernichten, die sich schäbig, das heißt ihm nicht dankbar gegenüber verhalten hatten. Dann wiederum kehrten sich seine narzißtischen Wutzustände um und richteten sich in quälenden Suizidphantasien, in denen er sich wie ein unwürdiges Nichts vorkam, gegen sich selbst.

Halten wir an dieser Stelle folgende Hypothese fest: Narzißtische Störungen bei Männern liegen stärker im grandiosen Selbst, bei Frauen stärker in ihrem Verhältnis zum allmächtigen Objekt. Das Verhalten der Männer zu allmächtigen Objekten ist von einer Art ängstlicher Erwartung geprägt, wie dieses Objekt sie beurteilen wird, bei Frauen von der Frage, ob es auffindbar und erreichbar sein wird.

Mit Thomas Giernalczyk, der mich ermunterte, über dieses Thema etwas auszuarbeiten, hatte ich ein Gespräch über diese Thematik, in dem er die Frage aufgeworfen hat, ob dieser ganze Komplex nicht auch mit dem sogenannten Objektwechsel, wie Freud ihn beschrieben hat, etwas zu tun haben könnte, also mit dem Umstand, daß der Junge in seiner späteren Objektwahl bei seinem primären Objekt, der Frau, bleiben kann, während das Mädchen ihr Objekt wechseln muß, wenn sie später eine Beziehung zu einem Mann aufnehmen will. Ich finde diesen Gedanken in diesem Zusammenhang sehr interessant und halte es für möglich, daß der Umstand – konstantes Objekt beim Mann, Objektwechsel bei der Frau – unterschiedliche Entwicklungen des Narzißmus bei Männern und Frauen mit bedingen könnte. Der Mann hat in seinen Beziehungen zu Frauen noch direkten Zugang zum primären mütterlichen Objekt. Bei der Frau ist immer noch etwas dazwischen, der Mann. Im Schöpfungsmythos ist es ähnlich. Adam wird direkt von Gott geschaffen. Bei Eva ist bereits etwas dazwischen, die Rippe. Eva wird nicht aus Lehm, sondern aus dem Leib des Adam geschaffen, und man kann sich fragen, warum? Sollte dargestellt werden, daß der Mann der Ursprung alles Neuen ist? Halten wir einmal die folgenden zwei Varianten nebeneinander: Eva geschaffen aus Lehm oder Eva geschaffen aus Adam.

Es macht, denke ich, einen deutlichen gefühlsmäßigen Unterschied. Eine stärkere Unabhängigkeit kommt bei der »Eva-aus-Lehm«-Variante zum Ausdruck. Bei der anderen Konstellation ist zwischen Eva und Gott immer Adam, sozusagen als kleiner »Zwischenschöpfer«. So wie Gott zu Adam sagen kann:

»Du stammst von mir«, kann Adam es zu Eva sagen: »Du stammst von mir.« Oder andersherum: Nur Adam kann sagen: »Ich stamme von Gott«, Eva muß sagen: »Ich stamme von Adam.«

Überhaupt erfahren wir aus der Genesis interessante Dinge über den Narzißmus, und ich denke, daß ein kurzer Blick in diese Zusammenhänge uns helfen kann, die Umstände der narzißtischen Wut besser zu verstehen. Erstens ist da die Ebenbildmetapher: »Gott schuf den Menschen ihm zum Bilde«. Zweitens wird eine segnende, gutheißende Schlußformel verwendet: »Und er sah, daß es gut war«, und zwar sein Geschöpf. Beide Formeln sind miteinander verknüpft. Weil es ihm gelungen war, die Menschen nach seinem Bild zu formen, konnte er sagen, daß es gut war, wie sie waren. Nach der Ebenbildmetapher ist etwas gut, weil es so ist, wie man selbst. »Ganz in meinem Sinn« ist Anerkennung der Leistung eines anderen und Selbstbestätigung zugleich. Das gleiche Thema findet sich bei Narziß, der sein Ebenbild im Wasser entdeckt. Der Gott der Genesis findet es in Adam und Eva, Narziß im Wasser. Und in beiden Fällen erheben schließlich die Ebenbilder Anspruch auf Eigenleben. Adam und Eva, die Gott zum Ebenbild dienten, erzwingen es durch den Sündenfall; das Wasser, das Narziß zum Ebenbild diente dadurch, daß es sich kräuselte. Solange es reine, ungestörte Oberfläche war, das heißt, ohne Eigenleben und ohne Tiefe, war es gutes Ebenbild. Als es sich kräuselte und damit Narziß mit der unabweislichen Tatsache konfrontierte, daß es ein eigenes, von ihm unabhängiges Element war, warf es den Ebenbildcharakter ab. In beiden Fällen vollzog sich eine Art Separation des Ebenbildes von seinem Schöpfer. Und das allein ist anscheinend schon Kränkung – die Kränkung, daß etwas, von dem wir meinten, daß es aus unserem Stoff gemacht sei, aus etwas anderem ist, uns fremd. Narziß konnte dieser Realität nicht standhalten und geriet in eine Krise, in die nach ihm benannte *narzißtische Krise*.

Warum? Man könnte sagen, daß er es eben nicht ertrug, daß es von ihm unabhängige Objekte gab. Und daß Objekte es an sich haben, sich wie Objekte zu verhalten – eigenständig, nach eigenen Gesetzen. Und man kann darüber hinaus sagen, daß es eben besonders schwer ist, mit dieser Tatsache umzugehen, wenn es sich bei diesen Objekten um Liebesobjekte handelt. Diese Feststellung reicht aber vermutlich als Erklärung für das Ausmaß der Wut des Narziß noch nicht aus. Vermutlich muß man ergänzen: Was durch die Bewegung des Wassers zerstört wurde, war nicht nur sein Ebenbild, war nicht nur die Illusion, daß seine Umgebung dazu da sei, ihn zu spiegeln, sondern es war auch die Zerstörung seiner selbst, seines Selbst. Er selbst war es ja, den er im Wasser sah. Und wenn er sich selbst daraufhin umbringt, vollzieht er etwas, was vorher schon geschehen war. Er macht sich seinem zerstörten Spiegelbild gleich.

Ebenbildsein ist nicht nur erhebend. Es ist auch Last und Einengung. Eva erlebte diese Einengung stärker und früher als Adam und bereitete ihr durch die Einleitung des Sündenfalls ein Ende. Damit ergaben sich neue Aufgaben sowohl für Adam und Eva als auch für das allmächtige Objekt, das sie geschaffen hatte. Konnte dieser Gott eine Weile in dem Glauben leben, daß er Ebenbilder seiner selbst erschaffen hatte, was hieß, da er selbst vollkommen war, auch etwas Vollkommenes erschaffen zu haben, so mußte er jetzt erkennen, daß es ihm offenbar doch nicht gelungen war, ein dauerhaftes Ebenbild erschaffen zu haben. Eva hatte ihn aus dieser Illusion gestürzt, ähnlich wie die potentielle Freundin des anfangs erwähnten Manta-Fahrers ihn aus seiner Illusion gestürzt hatte, ein vollkommenes Auto geschaffen zu haben.

Die narzißtischen Zerstörungsakte, die solchen Konfrontationen folgen, ähneln einander:
– Narziß tötet sich selbst,
– der alttestamentarische Gott läßt Sintflut, Sodom und Gomorrha folgen,
– der Manta-Patient zerstört Teile seines Wagens und fast sich selbst,
– der Patient mit dem enttäuschten Altruismus veranstaltet ein Sodom und Gomorrha in seiner Phantasie.

Ich glaube, man muß sich vorstellen, daß in diesen Zerstörungen Selbstobjekte zerstört werden; Ebenbilder, die, wenn sie als mißlungen eingestuft werden müssen, auf einen Fehler des Schöpfers zu verweisen scheinen. Der Separationsmythos der Genesis zeigt, daß die Geschöpfe im Erleben ihres Schöpfers noch keine unabhängigen und eigenständigen Objekte waren. In der Terminologie von Mahler (1979) gesprochen, haben *Separation* und *Individuation* noch nicht stattgefunden. Das heißt auch, daß ihr von der Ebenbildvorgabe abweichendes Verhalten nicht als Eigenverhalten gesehen werden kann, sondern nur als Fehlverhalten. Und das ist der springende Punkt: Durch dieses Fehlverhalten weisen sie auch auf eine fehlerhafte Arbeit ihres Schöpfers hin. Erst später reift die Beziehung zwischen allmächtigem Objekt und seinen Selbstobjekten so weit aus, daß jeder Teilhaber dieser Beziehung einen eigenen Status einnehmen kann. Dann erst wird eine neue Beziehungsebene möglich (im Alten Testament das Schließen des Bundes mit Abraham).

Zusammengefaßt bedeutet dies, daß narzißtische Wut Männerwut ist. Diese Wut gilt in Wirklichkeit nicht einem Objekt, jedenfalls nicht einem psychologischen Objekt im Sinn von Unabhängigkeit und Andersartigkeit. Das äußere Objekt auf der Stufe narzißtischen Schaffens ist Gestalt gewordenes Subjekt: das Ebenbild. Wenn man etwas hergestellt hat, das man gelungen findet, sagt man: »Darin erkenne ich mich wieder« (wie in einem Spiegel). Fehlerhaft darf das Produkt erst sein, wenn wir selbst fehlerhaft sein dürfen. Im narzißtischen Erlebensmodus sind Fehler am Objekt Fehler am Subjekt. Die Wut gegen dieses Objekt ist Wut gegen das Selbst. Und das ist vielleicht auch *ein* Grund dafür, daß narzißtische Wut so schnell Objekt und Selbst zugleich erfassen kann.

Spricht man von narzißtischen Persönlichkeiten, meint man meistens Männer, weniger Frauen. Auffällig ist aber, daß Probleme des Narzißmus meist im Bereich des *einen* der beiden Kohutschen Pole diskutiert werden, und zwar als Narzißmus des grandiosen Selbst. Die Psychologie und Pathologie dieser narzißtischen Struktur läßt sich offenbar leichter beschreiben als die mit dem allmächtigen Objekt zusammenhängenden Probleme und Fragen. Es scheint so zu sein, daß der Narzißmus des Gurus, des charismatischen Führers stärker auffällt und leichter zu untersuchen ist als der Narzißmus desjenigen, der den Guru sucht, der ihn braucht und erst in der Aura eines solchen Objekts das Gefühl von Ganzheit erleben kann. Der Narzißmus des abhängigen Objekts, desjenigen, der zu jemandem aufschauen möchte, ist weniger auffällig. Vielleicht ist er als Narzißmus des ewigen Jüngers in einer christlichen Kultur notwendig, die auf dieser Beziehungsstruktur zwischen Objekt und Subjekt aufbaut.

Was heißt das für die Praxis? Vielleicht müssen wir in bestimmten Fällen von einer geschlechtertypischen Suizidprävention ausgehen in dem Sinn, daß die Krisenintervention beim Mann sich eher auf die Unterstützung, vielleicht auch Wiederaufrichtung von Grandiosität richten muß, während die Krisenintervention bei Frauen stärker auf das Beziehungsangebot achten muß, bei dem der Helfer oder die Helferin Ersatz für das verlorengegangene Objekt ist.

Literatur

Kohut, H. (1973): Narzißmus. Frankfurt a. M.
Mahler, M. S. (1979): Symbiose und Individuation. Bd. 1: Psychosen im frühen Kindesalter. Stuttgart.

Regula Freytag

Unsereins macht »es« richtig!

Die Geschichte von Axel M. oder die Macht eines geschlechtstypischen Spruchs

Während einer Heimvolkshochschultagung, die sich mit »Grenzgängen des Lebens« beschäftigte, ergab es sich, daß mir Axel M., so will ich ihn hier nennen, seine Geschichte erzählte. Ich nahm mir Zeit zum Zuhören, denn die Erzählung schien mir wichtig.

Sie hat mich in zweierlei Hinsicht bewegt.

Einmal zeigt der Bericht die außerordentlich große Macht einer geschlechtsspezifischen Lebensbewältigungsstrategie, in diesem Fall einer männlichen Lebensregel. Auch habe ich mich gefragt, welche entsprechenden Sprüche es von uns Frauen gibt, wie diese lauten würden und worin ihre Wirksamkeit bestehen könnte.

Das zweite ist die Auseinandersetzung mit der Symbolik der geschilderten Handlung. Einige Gedanken hierzu drängten sich auf, nicht nur mir, auch dem Protagonisten. Kann man das äußerlich Wahrnehmbare tatsächlich als Abbild eines inneren Geschehens betrachten? Axel M. tut es, es ist für ihn naheliegend.

Zunächst die Geschichte: Axel M. ist in einer Arbeitersiedlung aufgewachsen, die zu einem größeren Industriebetrieb gehört, in dem sein Vater arbeitete. Auch seine Mutter arbeitete dort als Schreibkraft. Axel meinte, sie hätte gern etwas anderes getan, vielleicht als Lehrerin unterrichtet, wozu sie ausgebildet worden war. Sie habe mehr Bildung als sein eher schweigsamer Vater, sie lese viel und unterhalte sich gern. Axel fand das gut. Zu seiner Familie gehören noch zwei jüngere Brüder.

So wohnten sie in dieser Siedlung, wo die Männer abends müde und naßgeschwitzt nach Hause kommen und beim Bier und Fernsehen sich von ihrer harten Arbeit erholen. In der ganzen Siedlung tranken die Männer abends Bier. Die meisten vertrugen das Trinken, erzählte Axel M. Die Mutter hätte vielleicht lieber Tee getrunken, berichtete Axel, aber sie habe versucht, sich anzupassen. Sie hat dann schließlich auch geschwiegen.

Als Axel 12 Jahre alt ist, erleben er und seine Brüder, wie die Mutter ins Wasser gehen will. Sie wird gerettet – rettet sich selbst? Es bleibt unklar. Axel sieht die Bilder vor sich, die Worte scheinen sich zu verweigern. Ich frage nicht nach.

Für Axel M. ist die Mutter seitdem »gestorben«. Er trägt ihr seine Wut nach und seine übermäßige Enttäuschung. Sein Vertrauen, von ihr gehalten zu werden, sei plötzlich zutiefst erschüttert worden. Wie konnte sie ihn einfach loslassen? Wie konnte sie sich von ihnen trennen? Waren er und sein Bruder nicht wichtig für sie? Haben wir ihr gar nichts bedeutet?, fragt er sich. Axel beginnt zu trinken.

Als Axel 18 Jahre ist, regt ein Suizid die Siedlung auf. Ein Nachbar, ein Verwandter, nimmt sich auf eine sehr gewaltsame Art das Leben. *Ja, unsereins macht »es« richtig*, hört Axel seinen Lieblingsvetter prahlen. Nägel mit Köpfen machen. Das sei Männerart. Einige Tage danach tötete sich auch dieser Vetter. Er wirft sich vor einen Lastwagen.

Seitdem hört Axel diese Botschaft »unsereins macht es richtig« in seinem Kopf. Das sei für ihn wie ein Zwang gewesen, sich ebenfalls das Leben zu nehmen. Doch er habe sich einfach nicht getraut. Er beginnt häufiger und schließlich regelmäßig zu trinken. Sein Arbeitsplatz ist gefährdet. Sein Chef drängt ihn, eine Entziehungskur zu machen. Axel ist schließlich dazu bereit. Als sie in der Suchtkrankenklinik von seinen Suizidgedanken erfahren, verlegen sie ihn in eine psychiatrische Abteilung. Er bekommt Medikamente. Axel M. meint, er sei richtig abhängig von ihnen geworden, jedoch ohne sie traut er sich noch weniger zu.

Er ist weiterhin innerlich wie besessen davon, »es« zu machen. Er sieht sich in einer aussichtslosen Lage gefangen. Der Druck engt ihn extrem ein und wird schließlich so groß, daß Axel M. sich zur Tat entschließt. Er hängt sich mit der Schnur seines Bademantels in einer Dusche auf. Doch die Schnur hält ihn nicht. Sie reißt.

Das sei für ihn damals wie eine Naturgewalt gewesen. Axel M. beschreibt diese Situation wie eine Katharsis. Er sei in der Dusche geblieben, 15 Minuten lang habe er das kalte Wasser über sich laufen lassen. Kälte – Reinigung – Klarheit gefühlt.

Schließlich taucht er wieder auf, fühlt sich wie neugeboren und beschließt, ein neues Leben anzufangen. Er setzt die Medikamente ab, fordert seine Entlassung »auf eigene Verantwortung«. Er nimmt sie auf sich, ist auf einmal nüchtern und wird trocken.

Das war vor fünf Jahren. Auch heute noch sei er trocken, habe eine Arbeit und die Hoffnung durchzuhalten.

Unsereins macht es, wenn, dann richtig – dieser oft gehörte Spruch suggeriert, daß die Fähigkeit, eindeutige Entscheidungen zu fällen und diese dann auch *richtig* durchzuführen, nur für eine bestimmte Gruppe von Menschen gilt. Generell beschreibt dieses Schlagwort eine Lebensbewältigungsstrategie von Männern; es gilt nicht für alle.

Etwas »richtig machen« meint laut Wahrig-Wörterbuch: *so geartet, wie es sein soll, wie es sich gehört, wie es dazu gehört. Regelrecht, stimmend, passend, zutreffend, fehlerfrei.* Dieses Richtig machen beinhaltet hier also den Anspruch, »wie es für unsereins passend ist zu handeln« beziehungsweise »den für unsereins geltenden Regeln zu entsprechen« und damit im Umkehrschluß das Richtigsein von unsereinem zu bekräftigen.

Und schließlich zielt dieses Richtigmachen auf Perfektion. Das heißt für unser Thema »Geschlecht und Suizidalität« die möglichst perfekte Selbstzerstörung: sich unwiederbringlich zerstören oder zerstören lassen. Das schlägt sich als tragische Tatsache in der Suizidstatistik nieder: Vollendete Suizide werden tatsächlich überwiegend von Männern ausgeführt.

Der Spruch ist also männlich – gibt es ein weibliches Pendant? Ist es die *Unentschiedenheit* im Gegensatz zur *Entschiedenheit* der Männer? Beide Devisen machen für das jeweilige Geschlecht und dessen Lebenswelt seinen Sinn. So steht im Leben von Frauen ein Leben mit einem »und« im Vordergrund. Familie *und* Beruf, Mann *und* Kinder, Ehe *und* sie selbst. Nach Meyer-Siebert (1990) ist »die Anstrengung nachvollziehbar, die es ohne Antwort auf die Fragen »Wer bin ich?« und »Wo will ich hin?« für Frauen heute braucht, Entscheidungen zu treffen, Handlungsmöglichkeiten auszuwählen und Wege ihrer Realisierung zu finden«, auch fehlen ihr noch die sicheren »gesellschaftlichen Orte«. »Das Aushalten von Widersprüchen und die Notwendigkeit, ständig Kompromisse machen zu müssen, um eigentlich nicht richtig Vereinbares dennoch zu leben, prägt Frauen« geradezu wie eine Wertmarke oder ein Markenzeichen. Meyer-Siebert schlägt vor, die entsprechenden Erscheinungsform mit dem Begriff der Unentschiedenheit zusammenzufassen und zitiert Inka Freye (1974): »Der Erträglichkeit des Daseins ist das Unerträgliche so dicht benachbart, daß eine angestrebte Entscheidung an der Unentschiedenheit scheitert.«

Die Tatsache, daß Frauen sehr viel häufiger als Männer Suizidhandlungen unternehmen, die nicht zum Tod führen, scheint das zu belegen. Ein Rest von Unentschiedenheit liegt demzufolge auch in ihrem suizidalen Handeln, das Frauen meist doch noch einmal am Leben hält.

Frauensprüche könnten sein:
– Unsereins muß mit Unentschiedenheiten leben ...,
– Unsereins ist fähig, vieles gleichzeitig zu machen ...,
– Unsereins kann vieles unter einen Hut bringen ...,
– Es muß nicht alles perfekt sein, auch krumme Wege können schön sein.

Wer spricht sie aus? Diese weiblichen Leitsätze werden eigentlich nur individuell und selten öffentlich vermittelt. Es gibt keine gemeinhin gültige typisch weibliche Lebensregeln.

Geschlechtsspezifische Leitsprüche sind besonders einflußreich und folgenschwer. Sie werden natürlich nicht in einem geschlechtsneutralen Raum tradiert. Väterliche und mütterliche Ansprüche und Vorbilder wirken unterschiedlich auf das jeweils gleiche oder andere Geschlecht. Hinzu kommt die ebenfalls nicht geschlechtsneutrale öffentliche Vermittlung von Stereotypen und deren jeweilige Wirkung auf Männer oder Frauen. Individuelles Leben ist immer auch gesellschaftlich vermittelt.

Ich frage mich zum Beispiel manchmal, welche Wirkung die alltäglichen Sportberichte und Kommentare in den Zeitungen auf Männer und Frauen haben, denn hier schreiben zuallermeist Männer über zuallermeist Männer. Unsereins hat es einfach richtig zu machen und besser als alle andern. Wenn das nicht gelingt, wird der Held von gestern schnell zur Enttäuschung der Nation, droht der Abstieg, das Aus. Sieg oder Niederlage ... Unsereins macht es, wenn, dann richtig.»Die Männlichkeitserwartungen der patriarchalen Kulturen beinhalten für Männer höhere Aggressivität und Durchsetzung«, resümiert Maria Therasia Jung (1996, S. 152). Die Fähigkeiten, Konflikte sprechend zu bewältigen, Kompromisse zu suchen, Mitleid, Einfühlung und Empathie als Werte weiblicher Lebenswelten innerhalb dieser männlich geprägten Kultur werden vor diesem Hintergrund leicht eher als Schwäche und als weniger wertvoll eingeordnet (vgl. Jung 1996, S. 153).

In der ganzen Fülle des Lebens leben zu wollen, sich das Leben wirklich *nehmen* und es zu leben, das müßte einschließen, sich von der Macht einengender Sprüche zu befreien. Axel M. scheint dies gelungen zu sein. Tatsächlich erzählt Axel M. seine Geschichte wie die Geschichte einer Befreiung.

Daß ihn die Schnur nicht gehalten habe, sei für ihn der Wendepunkt gewesen. Wir unterhalten uns über die Schnur als Symbol. Eine Schnur kann fesseln, binden. Hat ihn nicht auch der vermeintliche Auftrag, sich das Leben zu nehmen, gefesselt und gebunden? Im Gespräch taucht der Gedanke auf, daß das Zerreißen der Schnur auch ein Bild dafür sein kann, daß nun etwas abgerissen ist, nämlich seine Verbindung zu einem bestimmten Bild von Männlichkeit: Unsereins verträgt das Trinken, unsereins macht nicht viel Gelaber, unsereins macht alles gleich richtig und handelt, unsereins macht nichts Halbes. Axel M. hat es nicht geschafft, so sieht er es, dem Vorbild zu folgen, das ihm seine Verwandten vorgemacht haben. Er vertrug das Trinken nicht, hatte ein Bedürfnis zu reden und hatte Angst, »es« zu machen. Er machte es eher so wie seine Mutter, nicht ganz richtig, unentschieden.

Für mich wirkt es so, als erlaube er sich jetzt eher, zu sein, wie er *ist*, auch als Urheber *seiner* Art von Männlichsein. Er hat erlebt, daß er zu einem Entschluß stehen kann: zu dem Entschluß, sich umzubringen genauso wie zu dem Entschluß, den Tabletten- und Alkoholkonsum aufzugeben. Er schafft es, richtig trocken zu sein. Er besucht Heimvolkshochschulkurse. Er kann weit mehr tun, als die Mutter geschafft hat. Aus der Aggression gegenüber sich selbst ist ein konstruktives Hinzugehen auf sich und andere geworden: Er kann für sich sorgen, er kann auch eine Kursleiterin dazu bringen, ihm Zeit zu geben. Er hat erlebt, daß sich im Gespräch etwas klären kann, klarer werden kann, daß Schweigen auf die Dauer nicht zum Leben beiträgt.

Er hat gelernt, die Spannung zwischen männlichen und weiblichen An-Sprüchen in sich auszuhalten, ohne zu trinken – in einer Umwelt, in der gerade auch männliche Maßstäbe wie »unsereins macht's richtig« ständig präsent sind und die weiblichen übertönen.

Daß seine Suizidabsicht nicht gelang, hat Axel M. im nachhinein wie eine Initiation geschildert. Er ging wie über eine Grenze. »Jeder Entwicklungsschritt wird durch Zerstörung eingeleitet« (Kind 1992). Diese Erkenntnis wird sehr ausführlich dargestellt von James Hillman (1966), der von Wartenberg (1990) zitiert und kommentiert wird. Auch hier finden wir, daß »der Selbsttötungsimpuls aus einem Wandlungstrieb der Seele entsteht. Die Seele drängt auf Todeserfahrung, weil diese die Wandlung, ihre Wiedergeburt, ermöglicht« (Hillman 1966, S. 54f.).

Im Grunde ist die geplante Tat, also hier der Suizid, ein Symbol, das ganz wesentlich zur Innenwelt der Seele gehört und vom Suizidalen eigentlich nur irrtümlich in die Tat umgesetzt wird. Aus den Bildern der Seele werden Gegenstände und Handlungen in der realen Außenwelt. Eine fatale Verwechslung von Innen und Außen.

Will man Suizidale begleiten, müßte man ihre vorgestellte Tat wieder als Bildsymbol der Seele verstehen können, sozusagen die anvisierte Tat in das Bild der Seele zurückübersetzen. Man müßte lernen, die »äußere Lebensgeschichte« und die »Seelengeschichte« erst wieder zu trennen, um sie später wieder sinnvoll vereinen zu können.

Auf das Jugendalter bezogen – und Axel war damals im Jugendalter –, hieße das nach Wartenberg (1990), für die Beratenden ein angemessenes Begreifen dessen zu ermöglichen, was da zu Ende kommen will, und »gleichzeitig auch ein Begreifen der kollektiven Situation, wie sie sich im Bewußtsein des Jugendlichen in archaischer und zugleich erlebnismäßig radikalisierter Form gesellschaftliche Todesdrohungen (Umweltzerstörung etc.) widerspiegelt« (Wartenberg, S. 58f.).

Die Antwort darf nicht (nur) rational sein wie ein abgehobener Diskurs, vielmehr wie ein Geschichten-Erzählen, ein spiegelndes Eingehen auf den Jugendlichen, aus einem tiefen inneren Erleben der mythologischen Themen, nicht zuletzt aus dem Verständnis des individuellen Todes und der gesellschaftlichen Todesdrohungen.

Der Erwachsene muß also in der Lage sein, den Tod *psychisch* erleben zu helfen.

Wird nämlich »die Wirksamkeit der Psyche nicht unabhängig von ihren Projektionen erfahren, erhalten die konkrete Realität und der physische Tod deren zwanghaften Charakter. Wenn aber einmal der Drang nach dem physischen Tod überwunden ist – da er in der Seele erfahren werden konnte –, dann erhält die psychische Realität eine numinose und unzerstörbare Qualität« (Hillman 1966, S. 74).

Die Ausführungen zeigen noch einmal die Gefährlichkeit des – wie sich zeigte – sehr einseitigen männlichen Anspruchs, es richtig zu machen und sich damit – befolgt man ihn – endgültig der Erfahrbarkeit der Seele zu entziehen. Wäre der noch junge Axel M. dem Drang nach dem physischen Tod erlegen, hätte er sich endgültig zerstört, hätte seine Seele keine Chance gehabt, ihre Wandlung zu vollziehen.

Literatur

Freye, I. (1974): Der Mensch in der Grenzsituation. Zur Psychologie des Suizids. Zürich.

Hillman, J. (1966): Selbstmord und seelische Wandlung, Zürich/Stuttgart.

Jung, M. T. (1996): Gewalt in der Schule, in: Egner, H. (Hg.), Macht, Ohnmacht, Vollmacht. Tiefenpsychologische Perspektiven. Zürich/Düsseldorf.

Kind, J. (1992): Suizidal. Die Psychoökonomie einer Suche. Göttingen.

Meyer-Siebert, J. (1990): Zwischen Selbst-Zerstörung und Selbst-Bewahrung. Weibliche Identität als Krise. In: Freytag, R. (Hg.), Grenzgänge zwischen Selbstzerstörung und Selbstbewahrung. Hildesheim/Zürich/New York.

Wartenberg, G. (1990): Tod und Wiedergeburt in den Jugendsubkulturen. In: Freytag, R. (Hg.), Grenzgänge zwischen Selbstzerstörung und Selbstbewahrung, Hildesheim/Zürich/New York.

Die therapeutische Beziehung

Michael Witte

Psychosoziale Krisenhilfe für Männer

Oder: Wen erreichen Krisendienste ... nicht?

In meinem Beitrag untersuche ich die Einrichtungen der Krisenhilfe danach, inwieweit sie Männer ansprechen, die sich in einer Krise befinden. Darüber hinaus sollen Erfahrungen in der sozialen und therapeutischen Arbeit mit Männern skizziert und Hinweise für eine bessere Arbeit mit Männern in Krisen abgeleitet werden.

Ausgangspunkt ist die annähernd doppelt so hohe Suizidrate der Männer gegenüber Frauen. Eine dermaßen geschlechtsspezifisch erhöhte Mortalität muß alle in der Suizidentenhilfe tätigen Einrichtungen und deren Berater und Beraterinnen auffordern, Anstrengungen zu unternehmen, diese gefährdete Klientengruppe zu erreichen.

Unterschiede in der Inanspruchnahme von psychosozialen Einrichtungen durch Männer und Frauen

Zu der Frage, inwieweit Männer von den Einrichtungen der psychosozialen und psychiatrischen Versorgung erreicht werden, wurden Daten Berliner Kriseneinrichtungen erhoben und ergänzt um vorliegende Daten der Berliner psychiatrischen Versorgung im Hinblick auf die Inanspruchnahme durch Klienten nach Geschlecht.

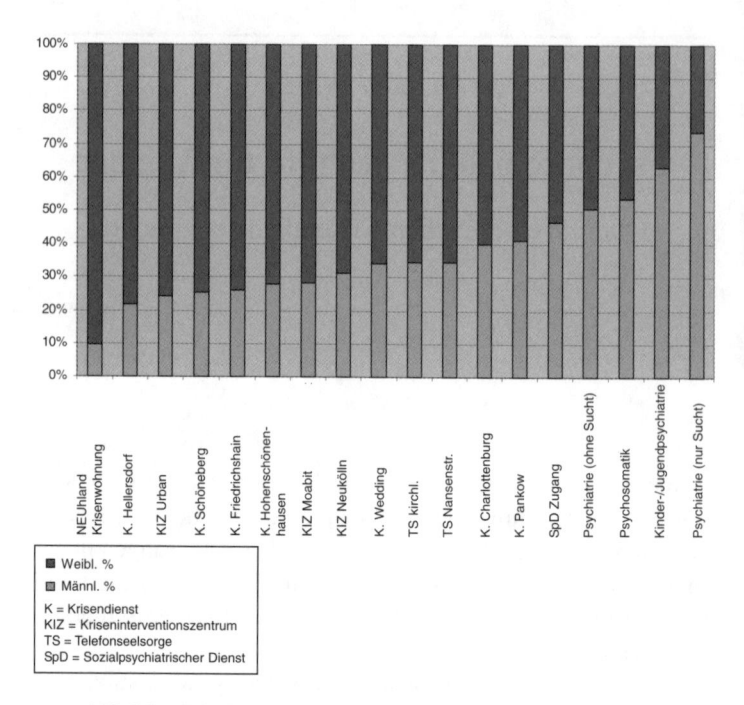

Abbildung 1: Inanspruchnahme von psychosozialen und psychiatrischen Einrichtungen von Frauen und Männern

Wie aus dem Diagramm erkennbar ist, sind die Unterschiede sehr erheblich. Während in der Krisenwohnung von NEUhland – Hilfen für suizidgefährdete Kinder und Jugendliche e.V. zu 90 Prozent weibliche Klientel aufgenommen wird, finden wir am anderen Ende der Skala die Suchtabteilungen der psychiatrischen Versorgung mit einem Anteil der männlichen Klientel von 74 Prozent. Dazwischen findet sich die breite Spanne von Einrichtungen der psychosozialen Versorgung.

Es ergeben sich einige Muster:

– Niedrigschwellig arbeitende Dienste – das heißt Aktivität der Nutzer erwartende Komm-Strukturen – erreichen weniger Männer.
– Psychiatrienähere, aufsuchende Dienste haben häufiger männliche Klienten.
– Stationäre psychiatrische Stationen, insbesondere Suchtsta-

tionen, haben einen hohen Männeranteil unter den aufgenommenen Patienten.
– Bei völliger Anonymität und Unverbindlichkeit erhöht sich andererseits ebenfalls die Zahl männlicher Nutzer (Telefonseelsorge).

Beratung in psychosozialen Krisendiensten wird also überwiegend von Frauen in Anspruch genommen. Männer stellen – bezirklich unterschiedlich – nur 21 bis 41 Prozent der Krisendienstklientel.

Brauchen Männer weniger Beratung?

Die Autoren Brandes und Bullinger schreiben dazu: »Die Tatsache, daß Männer in der Regel weniger Therapie und Beratung nachfragen, spricht nicht für eine geringere Bedürftigkeit nach Hilfestellungen (so die feministische Lesart), sondern drückt in erster Linie die größere Schwellenangst aus, die Männer gegenüber Therapie und Beratung aufweisen« (1996, S. 5).

Und die Autoren Gallisch und Krichbaum ergänzen: »Nicht tatsächlich geringeres seelisches Leiden, sondern das Bestreben, ›es‹ immer selber und alleine zu schaffen, statt um Hilfe nachzusuchen, scheint uns der Hauptgrund dafür zu sein, daß in allen Altersstufen zwei- bis dreifach weniger Diagnosen seelischer Störungen ... bei erwachsenen Männern gestellt werden ...« (1996, S. 205).

Demnach leiden Männer nicht weniger seelisch, haben jedoch sehr viel mehr Probleme, Hilfe in Anspruch zu nehmen. Deutlich wird dies auch bei der Betrachtung der Geschlechterverteilung bei Suizid und Suizidversuch. Interpretieren wir den Suizidversuch als einen Schrei nach Hilfe und betrachten ihn damit als einen Versuch, in einer schwierigen seelischen Krise Hilfe herbeizuholen, so sehen wir auch in den geringeren Suizidversuchsraten bei Männern die Schwierigkeit, auch diese Form von »Schwäche« zu zeigen. Andererseits dokumentieren die annähernd doppelt so hohen Suizidraten bei Männern das Ausmaß seelischer Not.

Auffällig ist bei Männern die Diskrepanz zwischen den dokumentierten Folgen physischer und psychischer Belastungen und der im Vergleich zu Frauen geringeren Inanspruchnahme von Hilfen. So berichten Gallisch und Krichbaum, daß Männer weniger zum Arzt gehen, weniger krankgeschrieben werden, weniger Medikamente einnehmen und seltener als Frauen frühberentet werden. Männer berichten häufiger, sich gesund zu fühlen. Die Tatsache, daß sie im Vergleich zu Frauen um Jahre früher sterben, steht hierzu im Widerspruch.

Männer weisen über alle Altersgruppen hinweg ausgeprägt hohe Mortalitätsraten aus. So sind es Männer, die viermal so häufig in der Lebensmitte an Herzinfarkt sterben und ebenfalls eine besonders hohe Sterberate aufgrund von bösartigen Tumoren aufweisen. Bei diesen zum Tod führenden Erkrankungen spielt unstrittig eine ungesunde Lebensweise der Männer im Vergleich zu Frauen eine wichtige Rolle. Rauch- und Trinkgewohnheiten von Männern werden als verhaltensbedingte Faktoren für die höheren Sterberaten bei diesen Todesursachen mit verantwortlich gemacht. Ebenfalls sehr auffällig sind die höheren Sterberaten bei Verkehrsunfällen. In der Literatur (z. B. Goldschmidt 1996) wird die Unterschiedlichkeit in der Mortalität der Geschlechter auf dem Hintergrund ihrer jeweiligen Rollenidentität als Mann oder Frau diskutiert. Susanne Goldschmidt fragt in ihrem Aufsatz »Männer und Gesundheit«: »Wie lassen sich diese Geschlechtsdifferenzen erklären beziehungsweise genauer gesagt, worauf gehen die vielfach gegen die eigene Person gerichteten, destruktiven Verhaltensweisen der Männer zurück?« (Goldschmidt 1996, S. 71).

Auch die Bedeutung der Berufstätigkeit für den Mann wird in Zusammenhang mit dem Gesundheitsverhalten diskutiert. » Eng in Verbindung mit typischen männlichen Rollenkomponenten (anderen überlegen sein, unabhängig und auf niemanden angewiesen sein, psychisch stabil zu sein ...) scheint gleichermaßen die Berufstätigkeit für Männer einen zentralen Stellenwert für ihr Identitätserleben zu haben. Die Inanspruchnahme ärztlicher Hilfe ist demnach mit einem unvermeidlichen Verlust an Ansehen und ›Männlichkeit‹ seitens der Mitarbeiter und Vorgesetzten assoziiert und wird daher vermieden ...« (S. 72).

Die frühe, vorausschauende Aneignung von Fähigkeiten zur Prävention von Erkrankungen und die Veränderung von Verhaltensweisen, die hohe Gesundheitsrisiken mit sich bringen, die beispielsweise Kurse der Volkshochschulen und Krankenkassen anbieten, werden überwiegend von Frauen in Anspruch genommen. Bründel stellt fest:»Männer nehmen seltener als Frauen an Kursen zur Gesundheitsförderung und zur Prävention von Gesundheitsstörungen teil. Von den Krankenkassen werden verschiedene Maßnahmen angeboten wie Nichtraucher-, Bewegungs-, Entspannungs-, Streßbewältigungstrainings sowie Ernährungsberatungen und andere mehr. Von den Teilnehmern war nur jeder siebte männlich, ca. 86 Prozent der Teilnehmenden waren weiblich. Aus welchen Gründen ist das Teilnehmerverhalten bei Kursen zur Prävention und zur Gesundheitsförderung von Männern im Vergleich zu Frauen so niedrig? Die meisten Autoren stellen einen Zusammenhang mit Geschlechtsrollenerwartungen, geschlechtsspezifische Sozialisationsmustern und zum Risikoverhalten her, das bei Männern größer ist als bei Frauen (Kolip 1994; Winter 1994; Alfermann 1996; Weidner, Kohlmann, Dotzauer und Burns 1996; Sieverding 1997).

Eine wichtige Rolle spielt auch das Selbstkonzept. Kohlmann, Weidner, Dotzauer und Burns (1997) vermuten bei Männern eine höhere kognitive Vermeidung im Umgang mit Streß. Danach negieren und verdrängen Männer eher als Frauen die Möglichkeit, daß ihnen etwas zustoßen könnte, und entsprechend ergreifen sie auch keine Vorsichtsmaßnahmen« (1999, S. 140).

In bezug auf die Wahrnehmung von Belastungen und die Inanspruchnahme von Hilfe durch Männer und Frauen schreibt Bründel:»Es zeigt sich bei ihnen ein entsprechender Unterschied, sowohl was die Wahrnehmung und das Zulassen von Problemen und Streß anbetrifft als auch deren Bewältigung, und dabei vor allem die Inanspruchnahme von professioneller Hilfe. So suchen Männer in eigener Sache weit seltener Beratungsstellen auf als Frauen und ... auch seltener medizinische Hilfe. Voraussetzung für die Inanspruchnahme von fremder Hilfe ist das Erkennen der Hilfsbedürftigkeit, und hier haben Männer größere Schwierigkeiten als Frauen, denn Hilfsbedürftigkeit und Schwäche entsprechen nicht dem Stereotyp von Männlichkeit« (1999, S. 139).

Spezifisch männliche psychosoziale Beratungsarbeit gibt es kaum. Während es inzwischen sehr viele Einrichtungen gibt, die sich den besonderen Problemen in der Arbeit mit Frauen widmen, sind spezifische Einrichtungen für Männer kaum zu finden. Das hat sicherlich mit der Haltung und Einstellung der meisten Männer zu tun, die aufgrund ihrer Sozialisation das Aufsuchen spezieller Beratungseinrichtungen ablehnen. Jedoch sind Männer, die selbst mit der klassischen Männerrolle in Konflikt stehen, insbesondere homosexuelle Männer, eher bereit, sich Hilfe zu holen. Von homosexuellen Männern sind verschiedene Beratungsangebote in den letzten zwei Jahrzehnten aufgebaut worden. Es gibt aber auch einige wenige Beratungsstellen, die sich an heterosexuelle Männer ebenso wie an homosexuelle Männer wenden.

Daß Beratungseinrichtungen für Männer so selten zu finden sind, spiegelt die geringe Akzeptanz von Hilfeeinrichtungen durch Männer. Es stellt sich somit die Frage nach männlichen Mustern im Hilfesuchverhalten.

Hilfesuchverhalten bei Männern

Insbesondere im US-amerikanischen Sprachraum finden wir Untersuchungen zu den Unterschieden zwischen Männern und Frauen im Hilfesuchverhalten. Eine umfassende Studie veröffentlichte Veroff (1981). Demnach gibt es einen engen Zusammenhang zwischen dem Bildungsgrad und dem Inanspruchnahmeverhalten. Insbesondere stellte sich heraus, daß die Inanspruchnahme von Beratungen bei Männern mit einem niedrigeren als einem College-Abschluß durchgehend sehr gering war. Andererseits gibt es einen Zusammenhang zwischen Alter und Hilfesuchverhalten, wobei die mittleren Jahrgänge zwischen 35 und 55 Jahre die höchste Bereitschaft aufwiesen. Interessant ist die Feststellung, daß auch bei gleich hohem Bildungsabschluß Männer eher an dem Konzept der Selbsthilfe festhalten, also eine Grundeinstellung existiert, daß sie zunächst alle Probleme selbst lösen müßten. Das ist bei Frauen anders. Sie neigen dieser Untersuchung zufolge eher dazu, aus einer Position der Stärke heraus Hilfe zu holen, und insofern ist deren Hilfesuchverhalten eher eine aktive Bewältigungstrategie, um Veränderungen herbeizuführen.

Jungnitz faßt in seiner Arbeit verschiedene Untersuchungsergebnisse zusammen:

»– Frauen suchen eher professionelle Hilfe als Männer, und zwar im Verhältnis zwei Drittel zu ein Drittel.
– Menschen im mittleren Alter suchen eher Hilfe als Menschen im höheren Alter.
– Menschen mit ›hohem‹ Bildungsgrad suchen eher Hilfe als Menschen mit ›niedrigem‹ Bildungsgrad.
– Menschen mit hohem und mittlerem Einkommen suchen eher Hilfe als Menschen mit niedrigem Einkommen.
– Frauen im mittleren Alter suchen am meisten professionelle Hilfe.
– ›Erfolgreiche‹ und selbstbewußte Menschen suchen eher Hilfe als ›entmutigte‹ Menschen und solche mit negativem Selbstbild.
– Menschen mit vielen sozialen Unterstützungsbeziehungen suchen eher professionelle Hilfe als Menschen mit wenigen oder keinen.
– Männer suchen eher Hilfe, wenn sie nicht mehr weiterkommen, Frauen suchen eher Hilfe, um noch weiter zu kommen.
– Das Hilfesuchverhalten ist stark von der Wahrnehmung von Problemen und Interpretation von Symptomen abhängig. Männer neigen weniger als Frauen dazu, Symptome von Depressionen und schlechtem allgemeinen Wohlbefinden als Zeichen emotionaler Probleme zu deuten« (1995, S. 30).

In diesen Thesen deutet sich ein grundsätzliches Problem bei dem Inanspruchnahmeverhalten von Beratungen im psychosozialen Bereich an. Man könnte sagen: Je besser die Fähigkeiten des in eine psychosoziale Krise geratenen Individuums zur Wahrnehmung der psychosozialen Belastungen sind und je besser die individuellen Voraussetzungen zur Bewältigung der Krise sind, um so eher wird beratende Hilfe in Anspruch genommen. Umgekehrt verhält es sich demnach so, daß diejenigen, die weniger Ressourcen zur Wahrnehmung des eigenen krisenhaften Geschehens und zur Bewältigung der Krise haben, weniger Hilfe nachfragen. Fatalerweise werden demnach gerade die Risikogruppen, die am dringlichsten Hilfe und Unterstützung bei der Krisenbewältigung benötigen, diese nicht in Anspruch nehmen.

Männer scheinen ebenfalls erst dann Hilfe in Anspruch zu nehmen, wenn die pathologische oder krisenhafte Entwicklung sehr weit fortgeschritten ist. Margret O'Brien (1988) kommt zu dem Schluß, daß zwar weniger erwachsene Männer auf der unteren psychiatrischen Versorgungsebene in Erscheinung treten, sich jedoch, wenn sie schließlich beim Arzt erscheinen, bereits in einem ernsteren Stadium befinden und dann häufiger in eine psychiatrische Klinik überwiesen werden müssen. Diese These würde eine Erklärung für die oben dargestellte geschlechtsspezifische Inanspruchnahme von ambulanten und stationären Einrichtungen der psychosozialen Versorgung Berlins geben.

Daß Männer Hilfe erst in einem sehr viel fortgeschritteneren Stadium in Anspruch nehmen, steht offenbar in Zusammenhang mit einer geringeren Wahrnehmung von Problemen und emotionalen Streßfaktoren. In der Literatur wird vielfach festgestellt, daß Frauen Belastungsfaktoren und belastende Gefühle frühzeitiger bemerken als Männer.

Welches Beratungssetting ist eher geeignet, Männer frühzeitig anzusprechen, und erleichtert Männern die Inanspruchnahme?

Aus dem bisher Dargestellten könnte sich die für Beratungsstellen irrige Auffassung ergeben, daß Männer über Beratungsangebote kaum zu erreichen sind. Dann müßte nichts an Arbeitsweisen und Außendarstellung der Beratungseinrichtungen verändert werden. Es gibt jedoch vereinzelte Hinweise darauf, daß durch auf Männer orientierte Außendarstellung und Beratungspraxis durchaus der Anteil männlicher Klienten erhöht werden kann. Ein Beispiel dafür gab eine im Juni 1993 in Berlin durchgeführte politische Aktion zum Paragraphen 218, bei der sich eine Männergruppe an alle »zeugungsgefährdeten Männer« auf einem zentralen Platz in Berlin gewandt hatte. Teil dieser politischen Aktion war es, die Männer aufzufordern, ein »geschlechtliches Führungszeugnis« zu erwerben. An die Männer wurde ein Fragebogen verteilt zum Thema Verhütung/Schwangerschaft/Abtreibung, den sie auszufüllen hatten. Anschließend hatten sie ein Beratungsgespräch zu dem ausgefüllten Bogen. Zum Schluß mußten die Männer einen Praxistest absolvieren, bei dem sie demonstrieren sollten, wie ein Kondom korrekt überzustreifen und wie ein Baby zur wickeln ist. Diese provokative Zwangsberatung sollte die Männer mit der Beratungsforderung im Paragraph 218 konfrontieren. Überraschenderweise ließen sich unerwartet viele Männer auf diese »Beratung« ein. Erstaunlich war die große Offenheit und Gesprächsbereitschaft, mit der Fragen, Ängste, Sorgen und Verletzungen von den Männern thematisiert wurden. Die an der Aktion beteiligten Männer stellten sich daraufhin die Frage, wieso es im Gegensatz zu Erfahrungen in den psychosozialen Beratungsstellen bei dieser Aktion eine unerwartet große Offenheit der angesprochenen Männern gab. Diese Fragestellung fand ihren Niederschlag in einer Untersuchung der Gruppe »Trio Virilent« mit dem Titel »Überraschend beraten – niedrigschwellige Sexual- und Lebensberatung für Männer« (1995). Die Gruppe leitet aus den Erfahrungen dieser Aktion einige Thesen zu männerspezifischen Rahmenbedingungen für Beratung ab.

- Räumliche Niedrigschwelligkeit. Die halböffentliche Beratungsaktion, die normalerweise als ungeeignet für persönliche Gespräche erachtet wird, hat den Männern offenbar die Chance eröffnet, sich leichter mit der Beratungsgesprächssituation bereits vorher vertraut zu machen. Während der Beratung hat das die Männer dennoch nicht davon abgehalten, sich sehr persönlich zu offenbaren. Die Autoren sahen darin eine Parallele zur Gesprächssituation von Männern am Arbeitsplatz und in Kneipen. Eine solche Situation bietet nicht nur Vertrautheit mit solchen Gesprächssituationen, sondern gibt dem Mann auch die Möglichkeit des Rückzugs aus dieser Beratungssituation.
- Inhaltlich-interaktionelle Niedrigschwelligkeit. Damit beschreiben die Autoren die Stufen, auf denen sie den Kontakt zu den Männern aufgenommen haben. Das Anknüpfen an ein

politisches Sachthema, das damals sehr in der Diskussion war, berührte den Anspruch vieler Männer, zu tagespolitischen Ereignissen Stellung nehmen zu können. Damit orientierte sich der erste Kontakt nicht an persönlichen, sondern an Sachfragen.
- Personale Niedrigschwelligkeit. Es war den Männern, die an den Gesprächen teilnahmen, offenbar wichtig, zuvor Gespräche beobachten zu können und dabei die in Frage kommenden Berater unauffällig auswählen zu können.
- Situative Niedrigschwelligkeit. Die Aktion bot den Männern viele Möglichkeiten, die Gesprächssituationen für sich zu interpretieren. Polit-Aktion, Werbekampagne, Beratungsangebot, staatliche Zwangsmaßnahme, Spielen und so weiter. Im Lauf des Kontakts konnten und mußten die Männer die Situation wieder neu definieren. In diesem Rahmen kam es spielerisch zu Grenzüberschreitungen und Grenzverletzungen inbezug auf die Intimsphäre der Männer. Erstaunlicherweise ließen das die Männer zu, nach der These der Autoren zu einem Teil aufgrund der Unfähigkeit, bei solchen intimen Fragestellungen Grenzen zu ziehen, und zum anderen, weil dabei persönliche Fragen berührt wurden, bei denen angestaute Gefühle herausbrachen. Nach Auffassung der Autoren ist es den Männern in Beratungssituationen sehr wichtig, jederzeit das Setting verlassen zu können, also wenn es zu nah wird, flüchten zu können.

Die Autoren haben drei Berliner Einrichtungen, die sich auch (»Pro Familia«) oder nur (»Mannege«, »Mann-o-Meter«) an Männer wenden, nach den von ihnen von dieser Aktion zum Paragraphen 218 ausgewerteten Erfahrungen untersucht. Die Beratungsangebote von »Pro Familia« und »Mannege« werden von den Autoren – so unterschiedlich sie sind – beide eher traditionellen Beratungssituationen zugeordnet. Im Fall von »Pro Familia« empfanden die Testprobanden die Beraterinnen sowie alle ausliegenden Informationen als ausschließlich frauenorientiert. Bei der »Mannege« war das zwar anders, jedoch ebenfalls nach Meinung der Autoren nicht an den männlichen Bedürfnissen orientiert. Demgegenüber wird die Einrichtung »Mann-o-Meter« positiv bewertet, denn »es ist Kneipe und Café, Infoladen, Serviceeinrichtung und Beratungsstelle gleichzeitig. Es liegt direkt an der Straße und ist durch große Fenster einsehbar. Im Vordergrund sieht man links zwei Schreibtische, die als Infotheke dienen, und rechts Regale mit Zeitschriften und Informationsmaterial. In der Mitte ist die Durchsicht frei auf das Café, das zugleich als Ausstellungsraum für schwule Künstler dient ... das Problem der Voranmeldung entfällt größtenteils, da ›Mann-o-Meter‹ täglich von 15:00 – 23:00 Uhr (sonntags bis 21:00 Uhr) geöffnet ist. Der Forderung eines Beraterpools kommt ›Mann-o-Meter‹ mit einer sehr hohen Anzahl ehrenamtlicher Mitarbeiter schon sehr nahe. Alle arbeiten abwechselnd als Auskunftsgeber, Barkeeper, Berater etc. und viele von ihnen tragen ein Namensschild. ... Explizite psychologische Beratungen finden je nach Wunsch auch im Café oder in einem separaten Raum statt« (Trio Virilent, Kann man Männer beraten?, S. 267f.).

Bei der beschriebenen Einrichtung wird sicherlich deutlich, daß sie sich überwiegend an homosexuelle Männer wendet und in ihrer Unverbindlichkeit sich von den Kriseneinrichtungen sehr unterscheidet. Dennoch erscheint mir die Betrachtung dieser Erfahrungen und dieses Arbeitseinsatzes hilfreich, um die Zielgruppe von Männern mit Krisen besser anzusprechen. Das »Handbuch Männerarbeit« (Brandes u. Bullinger 1996) berichtet noch von weiteren Beispielen der Beratungs- und therapeutischen Arbeit mit Männern, die hier nicht ausführlich dargestellt werden können.

Es kann von ausschlaggebender Bedeutung sein, ob im Team der Beratungseinrichtung die Parität von männlichen und weiblichen Beratern eine Auswahl für den Klienten ermöglicht. Feste Regeln wie »Männer sollten nur von Männern beraten werden« sind falsch. Es ist zu bedenken, daß die männlichen Klienten sich eventuell in der Beratung bei einem Mann in eine Konkurrenzsituation begeben, was sie hindern kann, sich schwach zu zeigen. Es könnte auch die männliche Angst vor zuviel Nähe zu anderen Männern in der intimen therapeutischen Beziehung Offenheit und das Zeigen »weicher Seiten« verhindern (als Homophobie bei James N. O'Neil in seiner Arbeit über Geschlechtsrollenkonflikte beschrieben, in Jungnitz 1995, S. 63). In der Beratungsbeziehung zu Frauen ist andererseits die Möglichkeit groß, daß der männliche Klient sich eher stark gegenüber der Beraterin zeigt und somit seine Hilflosigkeit und seine Schwäche verbergen will. Er richtet sein Verhalten dann eher darauf aus, der Beraterin als Mann zu gefallen.

Festzuhalten gilt, daß die Mitarbeiter in Beratungsstellen der Krisenhilfe nicht länger die hohe Zahl von männlichen Suizidtoten hinnehmen und daß sie die geringe Zahl von männlichen Klienten in den Hilfeeinrichtungen *als Problem wahrnehmen.* Die ausführliche Wiedergabe der Erfahrungen bei der dargestellten Aktion in Berlin sollte dazu dienen, Überlegungen anzuregen, wie die Inanspruchnahme durch Männer verbessert werden kann. Dazu müssen die Zugangswege und die Öffentlichkeitsarbeit auf die Ansprache von Männern hin überdacht werden.

Anregungen und Fragen für Krisenberatungsstellen:
– Geschlechtsspezifische Inanspruchnahme beachten
– Geringe Inanspruchnahme durch Männer nicht unbeachtet akzeptieren
– Zugangswege überdenken
– Öffentlichkeitsarbeit auf Ansprache von Männern hin überdenken
– Männliche und weibliche Berater im Team?

Literatur

Brandes, H.; Bullinger, H. (1966): Männerorientierte Therapie und Beratung. In: Brandes, H.; Bullinger, H. (Hg.), Handbuch Männerarbeit, Weinheim.

Bründel, H.; Hurrelmann, K. (1999): Konkurrenz, Karriere, Kollaps: Männerforschung und der Abschied vom Mythos Mann. Stuttgart/Berlin/Köln.

Gallisch, M.; Krichbaum, E. (1996): Streß und Streßverarbeitungsprogramme für Männer, In: Brandes, H.; Bullinger, H. (Hg.), Handbuch Männerarbeit. Weinheim.

Goldschmit, S. (1996): Männer und Gesundheit. In: Brandes, H.; Bullinger, H. (Hg.), Handbuch der Männerarbeit. Weinheim.

Jungnitz, L. (1995): Männliche Rollenkonflikte beim Hilfesuchverhalten. Diplomarbeit am Institut für Soziologie, Berlin.

O'Brien, M. (1988): Men and fathers in therapy. Journal of Family Therapy 10(2): 109–123.

Trio Virilent (1995): Überraschend beraten – niedrigschwellige Sexual- und Lebensberatung für Männer. Tübingen.

Trio Virilent (o. J.): Kann man Männer beraten? In: Argument-Sonderband AS 246, Kritische Männerforschung. Hamburg, S. 249ff.

Veroff, J. B. (1981): The dynamics of help-seeking in men and women: A national survey study. Psychiatry vol. 44(3): 189–200.

Thomas Giernalczyk

Überlegungen zur Liebe in der Suizidprävention

Einleitung

Ein medizinisches Handbuch des 19. Jahrhunderts warnt Ärzte vor der sexuellen Verführung durch ihre Patientinnen. B. Liehrsch schreibt 1842: »Im Umgang mit Damen muß der Arzt besonders vorsichtig sein .... Viele sehen in dem Arzt beständig einen Courmacher oder wünschen es wenigstens« (zitiert nach de Swaan 1978, S. 816). Bereits in der Pionierzeit der Psychoanalyse setzt sich Freud mit den erotischen Wünschen seiner Patientinnen an ihn auseinander und versteht, daß die Liebesbeweise einer Patientin nicht der Unwiderstehlichkeit seiner Person gilt, sondern er »entwickelt die Vorstellung, daß die Gefühle und Wünsche dieser Patientin wahr und falsch zugleich sein könnten: Einerseits galten sie ihm, dem anwesenden Manne, andererseits waren es falsche Verknüpfungen, die den Beziehungswunsch mit ihm statt mit einer anderen Person aus der Vergangenheit der Patientin in Verbindung brachte« (Körner 1989, S. 210).

Freud klingt in seinen Studien über Hysterie (1895) geradezu erleichtert über die Entdeckung der Übertragung im Zusammenhang mit den Liebesbeweisen seiner Patientinnen: »Nun da ich das einmal erfahren habe, kann ich von jeder ähnlichen Inanspruchnahme meiner Person voraussetzen, es sei wieder eine Übertragung und falsche Verknüpfung vorgefallen« (Freud 1895, S. 309). Mit dem Übertragungskonzept gelang es Freud, sich die Liebe seiner Patientinnen vom Leib zu halten und das Anrüchige der Arzt-Patientin-Beziehung zu neutralisieren.

Mit dem Übertragungskonzept wird den Gefühlen Rechnung getragen, ihre Realität wird anerkannt, sie werden jedoch als »falsche Verknüpfung« relativiert, und somit wird die Tendenz zum Agieren dieser Gefühle gemildert. Krutzenbichler und Essers (1991) merken jedoch kritisch an: »Verschleiert wird, was der Konstruktion zugrunde liegt: das Spiel der Liebe.« Mertens wendet sich ebenfalls diesem Thema zu und erklärt das Auftreten von Liebesgefühlen, die auch mit intensiven sexuellen Bedürfnissen durchsetzt sein können, mit der erfahrenen Geduld, Zuwendung und dem intensiv verstanden worden sein der Klientin oder des Klienten durch den Anlaytiker oder die Analytikerin (Mertens 1991, Bd. 3, S. 233).

Nachdem Liebe der Patientinnen mit dem Übertragungsbegriff gebannt war und in der Psychoanalyse Erfahrungen mit der Verliebtheit der Therapeuten gesammelt wurden, entwickelte Freud den Begriff der Gegenübertragung. In der Antwort auf einen Brief von Jung, in dem dieser seiner Patientin Sabrina Spielrein unterstellt, daß sie es planmäßig auf seine Verführung abgesehen habe, schreibt Freud: »Ich selbst bin zwar nicht ganz so hereingefallen, aber ich war einige male sehr nahe daran und hatte a narrow escape. Ich glaube, ... das Dezenium Verspätung gegen Sie, mit dem ich zur PA kam, haben mich vor den nämlichen Erlebnissen bewahrt. Es schadet aber nichts. Es wächst einem so die nötige harte Haut, man wird der Gegenübertragung Herr, in die man doch jedesmal versetzt wird und lernt seine eigenen Affekte verschieben und zweckmäßig plazieren« (Brief vom 7.6.1909, in: Freud/Jung 1974, S. 112).

Dieser kursorische Rückblick auf die Anfänge der Psychoanalyse zeigt deutlich, daß die Frage, wie mit liebevollen Gefühlen zwischen Helfer und Klientin umzugehen ist, natürlich nicht neu ist und daß Überlegungen aus der Psychotherapie für die Krisenintervention mit Suizidalen herangezogen werden können.

Nun kann man mit Recht darauf hinweisen, daß Psychoanalysen lange intensive Beziehungen sind und Kriseninterventionen zum Teil nur aus kurzen und zeitlich enger befristeten Kontakten bestehen und daß deshalb die Gefahr einer erotischen

Bindung keine bedeutsame Rolle spielt. Auf der anderen Seite geben die psychoanalytischen Theorien zur Suizidalität durchaus Anlaß, die Bedeutung von liebevollen Bindungen zu betonen.

Verschiedene Autoren beschreiben suizidale Krisen als Reaktion auf Objektverlust, den realen oder psychischen Verlust einer Beziehungsperson durch Enttäuschung oder Kränkung. Das verlorene Objekt wird vom Suizidalen als unverzichtbar zur Stabilisierung der psychischen Situation benötigt, und dieser Objektverlust wird subjektiv als lebensbedrohlicher Vorgang erlebt (Henseler 1984; Kind 1992; Giernalczyk 1995).

Objektverlust von Suizidalen legt die unbewußte Suche nach neuen positiv besetzten Objekten nahe.

Die Bedeutung der emotionalen Beziehung in der Krisenintervention

Professionelle Krisenintervention reagiert auf die Suche nach einem neuen Objekt, indem auf die emotionale Seite der helfenden Beziehung ein besonderes Gewicht gelegt wird. Hinzu kommt, daß der systematische Aufbau einer emotional getönten Beziehung in der Krisenintervention von unterschiedlichen Autoren als eine notwendige, wenn auch nicht hinreichende Basisvariable formuliert wird.

Das Kriseninterventionskonzept Cullbergs (1978) betont mit der Einführung des Container-und-Contained-Modells nach Bion ebenfalls die Bedeutung der emotionalen Beziehung in der Krisenintervention. Container und Contained enthält die Vorstellung, daß sich der Helfer als ein »Behälter« für nicht erträgliche und schwer aushaltbare Gefühle und Gedanken des Klienten zur Verfügung stellt und, einem emotionalen Resonanzboden gleich, sich durch die Zustände des Klienten anrühren lassen soll.

In der Krisenintervention wird der Gesprächsfokus auf die aktuelle Lebenssituation gelegt mit der Aufforderung, Belastendes und schwer Aushaltbares darzustellen. Dieses helfende Beziehungsangebot hat auch eine verführende Qualität. Der Helfer oder die Helferin vermittelt damit die Hoffnung, daß die emotionale Situation verstehbar und nachvollziehbar ist. Mit den Interventionen nach dem Konzept der stellvertretenden Hoffnung (Cullberg) kann und soll eine Perspektive entstehen. Es wird suggeriert, daß das Leben doch noch einen Sinn bekommen könnte und daß es wieder lebenswert werden kann. Diese professionelle annehmende Haltung kann der Klientin oder dem Klienten den Eindruck nahelegen, endlich den Richtigen gefunden zu haben, der sie oder ihn versteht und so zum Betroffenen in gewisser Hinsicht paßt.

Die Betonung einer emotionalen Beziehung schließt sich konsequent an die Überlegungen zu Merkmalen psychischer Krisen und Suizidalität an. Psychische Krisen entstehen durch subjektive Überforderung und Mangel an zur Verfügung stehenden Copingstrategien. Erwin Ringel stellt die zunehmende Einengung im Rahmen präsuizidaler Entwicklungen in den Vordergrund. Emotionale Zuwendung, Verständnis und Solidarität mildern das Gefühl von Überforderung und lindern die kognitiven Einschränkungen einer Krise. Zur Einengung gehört auch die schrittweise Reduktion der alltäglichen Beziehungen. Das Beziehungsangebot des Helfers kompensiert die verlorengegangenen Beziehungen und wirkt gerade deshalb antisuizidal (Giernalczyk 1997).

Unabhängig vom Geschlecht wirken sich emotional positive Beziehungen günstig auf die Bewältigung suizidaler Krisen aus. Darüber hinaus gibt es jedoch einen qualitativen Unterschied, ob eine Krisenintervention mit gleichgeschlechtlicher oder gegengeschlechtlicher Konstellation durchgeführt wird. Bei heterosexueller Orientierung besteht die Möglichkeit, daß es gerade durch die positive Beziehung auch zu erotisch getönten Wünschen zum Beispiel zwischen Helfer und Klientin kommt.

Das professionelle Beziehungsangebot in der Krisenintervention trägt mehrere Merkmale einer idealen Beziehung, in der sich der Helfer für eine begrenzte Zeit für die Ängste und Schwierigkeiten einer anderen Person in gewisser Hinsicht zur Verfügung stellt. Er bemüht sich, die Probleme der Betroffenen zu verstehen und aus ihrem Bezugsystem heraus nachzuvollziehen. Damit wird eine Situation geschaffen, in der die Klientin ihren Helfer leicht idealisieren kann. Idealisierung in helfenden Beziehungen haben eine positive Funktion, weil sie dazu beitragen, Krisen und Depressionen in Form von Hoffnung zu überbrücken. Sie brauchen so lange nicht thematisiert werden, wie sie sich nicht als Widerstand der Arbeitsbeziehung entgegenstellen. Idealisierungen sind aber auch der Ausgangspunkt für mögliche Verliebtheit. Der Klient mag sich in seine Helferin verlieben, weil sie sich ideal zu seinen Bedürfnissen nach Geborgenheit und Anerkennung verhält. Der Helfer mag sich in seine Klientin verlieben, weil er durch ihre Idealisierung eine Bestätigung als Mann und als Therapeut bekommt, die er sich wünscht und die ihn dazu verführen kann, seine Interventionen verstärkt in eine Richtung zu lenken, die diese Idealisierung weiter fördert. In diesem Fall baut der idealisierte Therapeut einen Gegenübertragungswiderstand auf, der für die Krisenintervention nicht mehr förderlich ist, sondern hinderlich werden kann, wenn er unbewußt bleibt.

Damit ist der Spannungsbogen aufgezeigt, in dem positive Übertragung und Gegenübertragung bewertbar ist. Einerseits ist eine sogenannte milde, unanstößige Übertragungsbeziehung für die Krisenintervention förderlich. Sie ist die Grundlage für Vertrauen und Öffnung der Klientin und eine gute Basis, auf der sich die Kreativität des Therapeuten entfalten kann und wodurch er sich optimal auf seinen Klientin einstellen kann. Wandelt sich dagegen andererseits die milde positive Übertragungsbeziehung in eine starke erotische Übertragung, so kann sie zu einem »technischen« Problem werden und sich der primären Zielsetzung der Krisenintervention entgegenstellen. Therapeut und Klientin tendieren dazu, sich einseitig so zu verhalten, daß die erotische Übertragung nicht gestört wird, und mögen so der primären Aufgabe der Krisenintervention nicht mehr ins Auge zu sehen.

Psychoanalytische Perspektiven zu liebevollen emotionalen Beziehungen.

Psychoanalytische Betrachtungsweisen von Beziehungen orientieren sich stark an der psychoanalytischen Entwicklungslehre. Es wird davon ausgegangen, daß auch in der Beziehung zwischen Helfer und Klient basale Beziehungserfahrungen aus der Kindheit mitschwingen. Deshalb sollen nun zwei Muster von Beziehungen der Kindheit beschrieben werden. Entsprechend den Stadien der Entwicklung eines Säuglings und Kleinkindes wird zunächst zwischen präödipalen und ödipalen Beziehungskonstellationen unterschieden.

Präödipale Beziehungen beschreiben Muster, die sich an die Interaktion von Mutter und Kleinkind anlehnen. In der Terminologie von Magaret S. Mahler wird diese lebensgeschichtlich frühe Beziehung als symbiotische Beziehung gefaßt. Durch psychoanalytische Säuglingsforschung wird das Augenmerk in diesen Beziehungen stärker auf die Eingestimmtheit, Harmonie und Wechselseitigkeit gelegt, bei der sich ein Großteil von den Beziehungen des Säuglings in der Mutter-Kind-Interaktionsmatrix abspielt. Präödipale Beziehungen sind dyadische Beziehungen, die sich als inneres Bild und real zwischen zwei Personen abspielen und in denen die Themen Sicherheit, Schutz, Versorgung, Halt und Trost entscheidende Bedeutung haben. Im Rahmen dieser Beziehung werden wesentliche Grundlagen für die Integration des Selbst, für das Selbstwertgefühl und die allgemeinen Beziehungserwartungen gelegt. Entsprechend der zentralen Themen lauten die schwierigsten Komplikationen zuwenig Schutz, mangelnde Verläßlichkeit, Verlassenheit und Einsamkeit.

Konflikte, die in diesem Zusammenhang eine Rolle spielen, sind Objektbeziehungskonflikte. Bei ihnen geht es um die Integration positiver und negativer Anteile der Objekt- und Selbstrepräsentanzen (Kernberg 1993; Volkan u. Ast 1994). Es geht um die Entwicklungsaufgabe, Spaltung zu überwinden und Aspekte der nur »guten« Mutter und der nur »bösen« Mutter miteinander zu versöhnen und zu verbinden. Da es im weiteren Sinn auch um Nähe und Distanz geht, werden verstärkt in späteren Abschnitten der präödipalen Entwicklung auch Themen der Trennung und Wiederannäherung, der Kontrolle und der Behauptung des eigenen Willens gegenüber der Mutter relevant.

Das professionelle Beziehungsangebot in der Krisenintervention enthält zahlreiche Anweisungen und Konzepte, die an dieser dyadischen, liebevollen Beziehungsgestaltung unmittelbar anknüpfen, und es besteht weitgehend Konsens darüber, daß Krisenintervention sich unter Berücksichtigung der jeweiligen institutionellen Rahmenbedingungen an dieses Modell der präödipalen liebevollen und entwicklungsfördernden Haltungen anschließt.

Für die präödipale Beziehungsgestaltung ist die Geschlechterkonstellation in der Krisenintervention weniger relevant. Sowohl Therapeut, als auch Therapeutin können diese mütterlichen Funktionen übernehmen, unabhängig davon, ob es sich um Klient und oder Klientin handelt.

Ein anderes psychoanalytische Modell für liebevolle und konflikthafte Beziehungen beschreibt die entwicklungspsychologisch später relevant werdende Konstellation der ödipalen Beziehung. Ein wesentlicher Unterschied zur präödipalen Beziehung besteht darin, daß diese nicht dyadisch, sondern triadisch angelegt ist. Für das kleine Mädchen oder den kleinen Jungen dreht es sich um die Frage, ob es neben der Mutter auch den Vater lieben und begehren darf, ohne die Zuwendung der Mutter dabei zu verlieren. Der kleine Junge begehrt die Mutter trotz der bestehenden Beziehung zwischen Mutter und Vater. Bei einer phasentypischen ödipalen Entwicklung schließlich identifiziert sich der Junge mit dem Vater um den Preis, die Mutter als ödipales Liebesobjekt aufzugeben. Das Mädchen gibt den Vater als ödipales Liebesobjekt auf und identifiziert sich mit der Mutter. War das ödipale Modell ursprünglich Kern der triebpsychologischen Krankheitslehre für die Neurosenbildung, so wird es heute als Modell der sogenannten reifen oder späten Neurosenbildungen verstanden und, um die präödipalen oder frühen Störungen ergänzt, in ein umfassenderes Modell von Störungsentwicklung eingebettet.

Komplikationen, die sich aus diesem entwicklungspsychologischen Abschnitt ergeben können, bestehen für das Mädchen oft darin, daß sie den Vater nicht lieben durfte, weil die Mutter das verhinderte oder der Vater nicht zur Verfügung stand. Unbewußt hält das Mädchen an der Bindung zum Vater fest, kann sich nicht mit der Mutter identifizieren und hat als erwachsene Frau Schwierigkeiten, sich emotional an einen Mann zu binden. Der kleine Junge bleibt bei nicht erfolgter Triangulierung unbewußt an die Mutter gebunden, identifiziert sich nicht mit seinem Vater und kann so nicht ohne Schwierigkeiten, als Erwachsener eine Beziehung zu Frauen eingehen.

Wird diese Dreieckskonstellation auf die Beziehung in der Krisenintervention angewendet, so bekommt die Geschlechtszugehörigkeit von Klient und Therapeut eine wesentlich größere Bedeutung für die Beziehung als bei dem präödipalen Modell.

Ödipale getönte liebevolle Beziehungen entwickeln sich in der Regel in gegengeschlechtlichen Kontakten. Die Therapeutin wird unbewußt vom Klienten als die begehrte Mutter und der Therapeut von der Klientin als begehrter Vater erlebt.

Eine Stärke dieses Dreiecks liegt darin, daß in ihm idealtypisch die Konflikthaftigkeit von Beziehungen und der phantasierte Dritte auch dann mitgedacht wird, wenn nur zwei Personen im realen Kontakt anwesend sind.

Nun wäre es allerdings kurzschlüssig, Verliebtheit und sexuelle Wünsche, die in Krisenintervention entstehen, nur als Übertragungsgeschehen von ödipalen Wünschen zu sehen. Auch präödipale Wünsche nach Nähe und Geborgenheit sind ein Reservoir, das über Verliebtheit und Sexualität angezapft und befriedigt werden kann. Und schließlich ist die Beziehung in der Krisenintervention nicht nur Übertragungsbeziehung, sondern auch Realbeziehung. Männer und Frauen verbringen Zeit miteinander und meinen mit ihren Gefühlen auch die Realperson des anderen. Liebe wird somit ein Amalgam aus Übertragung, Realbeziehung und aus ödipalen und präödipalen Wünschen, die sich aneinander richten.

Fallvignette: Sexuelle Attraktion als Schutz vor Verlassenheit

Die folgende Fallvignette aus meiner Krisenintervention arbeit verdeutlicht die Komplexität von Zuneigung und Verliebtheit. Eine 28jährige attraktive Klientin wendete sich in einer suizidalen Krise zur Krisenintervention an mich. Anlaß für ihre Suizidalität war die Trennung ihres Freundes, eines erfolgreichen Geschäftsmanns. Vor der Trennung war die Beziehung bereits sehr schwierig, war er unterwegs, wurde die Klientin von quälender Eifersucht getrieben und versuchte ihn zu seinem Ärger auch während seiner Arbeitszeiten häufig über sein Handy zu erreichen, um sich seiner Liebe zu vergewissern und ihn zu kontrollieren. Obgleich er ihr versicherte, daß sie seine Traumfrau sei, wurde er zunehmend wütender und abweisender.

Die Lebensgeschichte der Klientin war von Deprivation und Verlusten gekennzeichnet. Ihre Mutter war alkoholabhängig und hatte die Klientin in Rauschzuständen mißhandelt. Der Vater der Klientin verließ die Familie, als die Klientin etwa zwei Jahre alt war, und ging außer Landes, ohne noch einmal Kontakt mit der Familie aufzunehmen. Die Klientin schilderte ihre quälende Angst vor ihrer Mutter und die Stunden der Einsamkeit, wenn sie auf sie wartete und hoffte, sie würde nicht so betrunken nach Hause kommen, keinen Onkel mitbringen und sie nicht wieder schlagen.

Ihr letzter Freund bedeutete für sie »endgültig aus dem Dreck draußen zu sein«, es geschafft zu haben und nie wieder in das Elend der Armensiedlung zurückzumüssen. Mit 18 Jahren hatte sie einen Sohn von ihrem damaligen Freund geboren. Als er sie verlassen hatte, fühlte sie sich mit dem Kind vollkommen überfordert und um jede Chance betrogen. So lebte dieses Kind nicht mehr bei ihr, sondern bei seinem Vater.

In den Sitzungen der Krisenintervention gestaltete die Klientin den Kontakt zu mir sexuell aufreizend. Sie trug hautenge Kleidung, wippte mit den Oberschenkeln, warf mir lange Blicke zu und posierte in ihrem Sessel. In dieser sexuell aufgeladenen Atmosphäre bearbeitete ich mit ihr ihre aktuelle Lebenssituation und versuchte zunächst unbewußt, der bessere Partner zu sein, der sich wirklich für sie interessierte und der verläßliche Termine verabredete und sie nicht, wie ihr Freund, plötzlich verlassen würde. In gewisser Hinsicht fühlte ich mich auch aufgewertet, diese attraktive Frau behandeln zu können, und rivalisierte unbewußt mit ihrem Freund, den auch mir aus den Zeitungen bekannten Geschäftsmann. Mit gemischten Gefühlen ließ ich mir von den Treffen mit prominenten Sportlern erzählen und bekam eine Ahnung von ihren (und meinen) Bedürfnissen nach narzißtischer Gratifikation. Nach einer Weile kam ich zu dem Eindruck, daß sie den Kontakt sexualisierte, weil sie unbewußt damit verhindern wollte, wieder verlassen zu werden, und weil sie auf eine Art damit die Oberhand in unserer Beziehung behalten konnte.

Trotz dieser Hypothese reagierte ich mit einer gewissen Verliebtheit. Ich räumte Sondertermine ein und achtete mehr auf meine Kleidung. Ich verzieh ihr die Kälte, mit der sie Besuchstermine ihres Sohnes kurzfristig absetzte, wenn sie ihr ungelegen kamen. Schließlich erwog ich sogar, ihr einen freien Therapieplatz für eine psychoanalytische Einzeltherapie bei mir anzubieten. Die Stunde, in der ich diese Überlegungen eröffnete, war unser letzter Arbeitskontakt. Sie reagierte erfreut auf meinen Vorschlag und meinte, sie wolle es sich durch den Kopf gehen lassen. Zur nächsten vereinbarten Stunde blieb sie ohne Ankündigung fort. Ein üblicher nachfassender Brief nach Kontaktabbruch blieb unbeantwortet. Als Nachtrag möchte ich noch erwähnen, daß ich die Klientin ein halbes Jahr später auf der Straße von meinem Fahrrad aus sah, als sie mit ihrem Sportwagen an einer Kreuzung anhielt. Ich grüßte freundlich, zuerst sah sie kurz zu Seite, grüßte dann auch, als ihre Ampel auf grün umschaltete.

Ich möchte diese Fallvignette nicht als Beispiel weiblicher Verführungswünsche und männlicher Neutralität verstanden wissen. Die erotische Spannung in diesem Kontakt ging von beiden Seiten aus. Für mich war sie eine attraktive Frau, die sich nach Objektverlust an mich wendete und mit der ich gern arbeitete. Für sie war ich vermutlich ein Mann, der ihre Verlassenheitsängste und ihre Suizidalität milderte und den sie verließ, als ich ihr das Angebot unterbreitete, die Krisenintervention in eine längere Therapie umzuwandeln. Vielleicht war es für sie erträglicher, selbst zu verlassen, als eine Beziehung zu akzeptieren, in der sie wiederum mehr Angst entwickeln würde, ihrerseits im Stich gelassen zu werden.

Dieser Fall zeigt, wie verschiedene Quellen einer erotischen Beziehung zusammenfließen können. Aufgrund der Biographie ist davon auszugehen, daß präödipale Bedürfnisse der Klientin nach Schutz und Geborgenheit durch die alkoholabhängige und bedrohlichen Mutter nicht »gut genug« befriedigt werden konnten. Eine ödipale Triangulierung wurde durch diese Mutterbindung und durch den frühen Verlust des Vaters vermutlich ebenfalls schwer beeinträchtigt. Die Liebesbeziehungen der erwachsenen Klientin dienten somit vermutlich sehr stark der Abwehr archaischer Ängste und wurden durch Eifersucht und Kontrolle erschwert. Narzißtische Zweifel sollten durch die Beziehung zu besonders prominenten Männern kompensiert werden.

Es ist sinnvoll zu akzeptieren, daß in Kriseninterventionen liebevolle und mitunter erotische Gefühle und Wünsche zwischen Helfern und Klienten auftreten. Die Aufgabe der Helferin oder des Helfers besteht darin, daß sie sich derartige Gefühle gestatten können, ohne daß sie diese in grenzüberschreitendes Handeln umsetzen. Gerade eine Haltung, die liebevolle und erotische Gefühle erlaubt, ist ein gewisser Schutz davor, daß derartige Wünsche blind und oft zum Nachteil von Helfer und Klient agiert werden. Betätigt sich ein Helfer als Liebhaber seiner Klientin, so muß er darauf verzichten, sich als Krisenhelfer zu sehen, der gesellschaftliche Anerkennung für sein Hilfsangebot verdient.

Literatur

Cullberg, J. (1978): Krisen und Krisentherapie. Psychiat. Prax. 5: 25–34.

Freud, S. (1895): Studien über Hysterie. G.W. Bd. I. Frankfurt a. M., S. 75–312.

Freud, S.; Jung, C. G. (1974): Briefwechsel. Hg. W. v. McGuire u. W. Sauerländer. Frankfurt a. M.

Giernalczyk, T. (1995): Lebensmüde. Hilfe bei Selbstmordgefahr. München.

Giernalcyzk, T. (1997): Einschätzung der Suizidalität im ambulanten Erstkontakt: Ein diagnostisch-therapeutischer Prozeß. In: Giernalczyk, T. (Hg.), Suizidgefahr – Verständnis und Hilfe. Tübingen, S. 55–64.

Henseler, H. (1984): Narzißtische Krisen. Zur Psychodynamik des Selbstmords. Opladen.

Kernberg, O. (1993): Borderline-Störungen und pathologischer Narzißmus. Frankfurt a. M.

Kind, J. (1992): Suizidal. Die Psychoökonomie einer Suche. Göttingen.

Körner, J. (1989): Arbeit an der Übertragung? Arbeit in der Übertragung! Forum Psychoanal. 3: 209–223.

Krutzenbichler, H. S.; Essers, H. (1991): Muß denn Liebe Sünde sein? Über das Begehren des Analytikers. Freiburg.

Mertens, W. (1991): Einführung in die psychoanalytische Therapie. Bd. 3. Stuttgart, S. 233–235.

Ringel, E. (1953): Der Selbstmord. Abschluß einer krankhaften psychischen Entwicklung. Wien.

Ringel, E. (Hg.) (1969): Selbstmordverhütung. Bern/Wien/Stuttgart.

Sonneck, G. u. a. (1992): Krisenintervention und Suizidverhütung. Ein Leitfaden für den Umgang für Menschen in Krisen. Wien.

Swaan, A. de (1978): Zur Soziogenese des psychoanalytischen Settings. Psyche 9: 793–826.

Volkan, V. D.; Ast, G. (1994): Spektrum des Narzißmus. Göttingen.

Der Einfluß anderer Kulturen

Andreas Frei

Asylbewerberin, psychotisch, fremdsprachig, von der Familie verlassen – Alternativen zum Suizid?

Doppelkasuistik zweier kurdisch-alevitischer Frauen

Die Zuwanderung von Menschen aus osteuropäischen Kulturen, wie sie in Mitteleuropa vermehrt seit etwa fünfzehn Jahren beobachtet werden kann, stellt nicht zuletzt auch für die Psychiatrie eine beträchtliche Herausforderung dar. Dabei spielt nicht nur ein kulturbedingtes anderes Krankheitsverständnis eine Rolle, sondern auch der oft beträchtliche Bildungsunterschied zwischen Arzt und Patienten, der auch bei Patienten mitteleuropäischer Herkunft zu Schwierigkeiten führen würde (Caldwell u. Gottsman 1992). Psychisches Leiden wird oft in körperlichen Beschwerden ausgedrückt, welche zu typischen Patientenkarrieren mit zahlreichen apparativen Abklärungen führen. Erst zuletzt wird dann der Psychiater zugezogen (Vadasz 1984).

Diese Lösung ist für die Leidenden, die nicht als verrückt behandelt werden möchten, kränkend und für die Psychiater unbefriedigend.

Über die Behandlung schwerer psychischer Erkrankungen von Migranten in Europa gab es bisher wenig Literatur. Pfeifers Standardwerk »Transkulturelle Psychiatrie« (1994) ist ein nützliches Nachschlagewerk zum Verständnis psychiatrischer Störungen in einem außereuropäischen Kontext. Die spezifischen Probleme von Migranten in Europa werden dabei kaum behandelt.

Nicht unerwähnt bleiben soll allerdings Rissos und Bökers Werk »Verhexungswahn« über süditalienische Migranten in Europa aus dem Jahr 1964. 1999 haben Collatz, Hackhausen und Salman den Band »Begutachtung im interkulturellen Feld« herausgegeben.

Mit der wichtigen Gruppe der Asylsuchenden befassen sich heute hauptsächlich die Politiker, aber auch die Kriminologen. Deren Erkenntnisse sind durchaus auch für uns Psychiater von Interesse (Eisner 1996).

Situation in Basel

Im Kanton Basel-Stadt, einem Stadt-Kanton mit 180 000 Einwohnern, lebten am 31.3.1996 8155 türkische Staatsangehörige. Mindestens 50 Prozent von ihnen waren Kurden, die meist aus dörflichen Verhältnissen aus dem Osten der Türkei stammten. Viele der Kurdinnen können weder kurdisch, noch haben sie je richtig türkisch gelernt. Die wenigsten haben mehr als acht Jahre Schulbildung, geschweige einen beruflichen Abschluß. Einige, vor allem ältere Frauen, können kaum oder gar nicht lesen und schreiben. Da das Einkommen nicht reicht, arbeiten sowohl Frauen als auch Männer. Die meisten Kurden gehören zur Alevitischen Richtung des Islam (Dirscherl 1996).

Es scheint mir, daß vielen Migrantinnen beziehungsweise Asylsuchenden aus der Türkei in der Schweiz eine einigermaßen befriedigende Assimilation gelungen ist, soweit sie Teile ihrer eigenen Kultur in die Schweiz importieren konnten. Versagt dieses doch dünne soziale Netz, so scheint ein Sturz ins Bodenlose unvermeidlich, wie diese beiden Doppelkasuistiken zeigen.

Frau B.

Die Familie von Frau B. stammt aus einer ländlichen Gegend im Osten der Türkei und ist nach Istanbul migriert. Frau B. selbst soll in Istanbul aufgewachsen sein, wo sie das Gymnasium besucht und erfolgreich abgeschlossen hat.

Die Familie B. ist in der zweiten Hälfte der achtziger Jahre in die Schweiz eingereist und hat hier um Asyl nachgesucht. Das Asylgesuch ist abgelehnt worden; wegen der schweren Erkrankung des Bruders der Patientin hat die Familie schließlich doch eine Aufenthaltsbewilligung erhalten. Herr B. ist seit Jahren in einem Landeskrankenhaus in der Nähe von Basel dauerhospitalisiert. Der Vater von Frau B. soll frühzeitig verstorben sein.

20jährig hat Frau B. einen ebenfalls aus der Türkei stammenden anerkannten Flüchtling geheiratet. Ein Jahr später ist der einzige Sohn der Patientin zur Welt gekommen. Die nächste drei Jahre war es Frau B. möglich, temporär für kurze Zeit zu arbeiten. Allerdings ist es immer wieder zu Auseinandersetzungen mit Mitarbeitern gekommen.

Frau B. hat sich zusehends von ihrer Familie zurückgezogen. Schließlich soll sie das Kind nicht mehr beaufsichtigt haben, so daß das Jugendamt es auf Veranlassung des äußerst engagierten Hausarztes in ein Tagesheim eingewiesen hat.

26jährig hat Frau B. erstmals Verfolgungsideeen geäußert: Sie hat sich von der Polizei, vom Lehrer ihres Deutschkurses und dann auch vom Ehemann verfolgt gefühlt. Schließlich nahm sie das Essen nicht mehr zusammen mit dem Ehemann ein.

Frau B., die ursprünglich kurdische Alevitin, also Mitglied einer toleranten Richtung des Islam war, ist der Sunna, also der traditionellen Mehrheitsrichtung des Islam beigetreten. Sie verbrachte viel Zeit in der Koranschule. Nachts soll sie geschrien und geheult haben, was das Kind geängstigt habe. Schließlich soll sie die meiste Zeit bei Verwandten in Deutschland oder Belgien verbracht haben.

Frau B. ist beim Autostoppen auf der Autobahn von der Polizei aufgegriffen und nach Hause in die Wohnung gebracht worden. Dort habe sie aus dem Fenster springen wollen, angeblich nicht in suizidaler Absicht, sondern weil sie unbedingt die Wohnung habe verlassen wollen. Der vom Ehemann zugezogene Hausarzt fand die Patientin zu Hause laut betend in der typischen Gebetsstellung des Islam vor. Er hat sie amtsärztlich in unsere Klinik einweisen lassen.

Beim Eintritt verweigerte Frau B. jegliche Auskunft. Sie wiederholte stereotyp, sie sei nicht krank und brauche weder Ärzte noch ein Spital. Die Erhebung eines detaillierten Psychostatus war trotz Beiziehen eines türkisch sprechenden Pflegers nicht möglich. Während der Aufnahmezeit zeigte sie ein auffälliges Verhalten, indem sie wiederholt den Gebetsteppich auf dem

Boden auslegte, darauf niederkniete und betete. Außerdem küßte sie den Boden. Sie verweigerte kategorisch die körperliche Untersuchung.

Auch während der folgenden Zeit blieb Frau B. unkooperativ und uneinsichtig. Ihre privaten Dinge gingen uns nichts an. Schließlich weigerte sie sich auch zu essen und zu trinken. Wegen Selbstgefährdung mußte Frau B. mit Haloperidol und Diazepam zwangsmediziniert werden. Auffallend war, daß Frau B. jeweils nach der Zwangsmedikation aß und trank, was unsere Annahme, die Patientin habe Vergiftungsideen, bestätigte.

Frau B. war dann bereit, sich mit Penfluridol behandeln zu lassen. Sie aß und trank und betete nicht mehr so oft, wurde im persönlichen Umgang offener und zugänglicher und verhielt sich Personal und Mitpatienten gegenüber freundlich. Weitere Auskünfte zu geben lehnte sie jedoch ab.

Schließlich gab sie an, ihre Familie könne nicht akzeptieren, daß sie Sunnitin geworden sei; deshalb werde sie als krank angesehen.

Es fanden zwei Ehepaargespräche statt, nachdem Frau B. zuvor jeglichen Kontakt zum Ehemann abgelehnt hatte. Beide Ehepartner konnten sich eine Fortführung der Ehe nicht mehr vorstellen. Herr B. war jedoch bereit, seine Frau zu Hause aufzunehmen und ihr nach seinem Wegzug in eine andere Stadt die gemeinsame Wohnung zu überlassen.

Frau B. war bereit, sich mit Penfluridol wöchentlich behandeln zu lassen. Außerdem wollte sie ihren Hausarzt wieder aufsuchen. Bei fehlenden Anhaltspunkten für Fremd- oder Selbstgefährdung haben wir Frau B. nach dreiwöchigem Spitalaufenthalt in deutlich gebessertem Zustand aus der stationären Behandlung entlassen. Die Schlußbeurteilung lautete: Erstmanifestation einer Paranoiden Schizophrenie (F20.0 nach ICD-10).

Beim Austritt war allerdings nicht klar, ob Frau B. beim Mann oder im Frauenhaus wohnen würde. Am Tag nach ihrer Entlassung erschien sie auf der Abteilung und brachte einen Kuchen für das Personal. Zwei Tage später informierte uns der Hausarzt, Frau B. habe den nächsten Termin telefonisch abgesagt. In der Folge soll sie sich noch zweimal bei ihm gemeldet haben.

Weitere drei Wochen später mußten wir dann erfahren, daß sich Frau B. in Begleitung einer weiteren ehemaligen türkischen Patientin, die sie bei uns kennengelernt hatte, sich an das Rheinufer begeben, dort ihre Schuhe deponiert hatte und ins Wasser gegangen war. Ihre Leiche wurde später in Frankreich aufgefunden.

Zwei Tage später meldete sich der Ehemann auf der Abteilung und machte uns heftige Vorwürfe.

Makabererweise hat ein aus demselben Kulturkreis stammender Mann, der seine Ehefrau ermordet hatte, versucht, auf diese Weise den Selbstmord seiner Frau vorzutäuschen.

Frau Ö.

Frau Ö. stammte aus dem Osten der Türkei, wo sie auch aufgewachsen ist. Auch sie war Alevitin und Kurdin. Sie war das jüngste von fünf Kindern eines Bauernehepaars. Frau Ö. hatte offenbar keine Schulausbildung genossen. 18jährig hat sie sich mit einem aus dem Nachbardorf stammenden Bauern verehelicht. Zwei Jahre nach der Heirat habe er seine nähere Heimat verlassen müssen, da er seiner politischen Gesinnung wegen verfolgt worden sei. Mitte der achtziger Jahre ist er in die Schweiz geflüchtet, wo er um Asyl nachgesucht hat. Zwei Jahre später ist Frau Ö. ihrem Mann in die Schweiz nachgefolgt. Mittlerweile hatte das Ehepaar drei Kinder.

1988 hat sie auf der hiesigen psychiatrischen Poliklinik vorgesprochen, da sie erneut schwanger war und die Schwangerschaft nicht austragen wollte.

Im zur Schwangerschaftsunterbrechung notwendigen psychiatrischen Gutachten beschrieben die untersuchenden Psychiater die Patientin als erschöpft und niedergeschlagen. Sie habe über Gefühle der Kraftlosigkeit und Hoffnungsarmut berichtet. Sie sei mit der gegenwärtigen Situation überfordert. Es wurde eine depressive Entwicklung diagnostiziert und die Indikation zur Schwangerschaftsunterbrechung gemäß Art. 120 nach dem Schweizer Strafgesetzbuch gestellt.

Fünf Jahre später bin ich als Assistent der Psychiatrischen Universitätspoliklinik mit Frau Ö. bekanntgeworden. Sie war mir von einer Kollegin der Medizinischen Poliklinik zugewiesen worden, die mit den multiplen Beschwerden von Frau Ö. nicht mehr weiter wußte.

Frau Ö. lebte damals in einer schwierigen psychosozialen Situation zusammen mit ihrem Mann in einer Ein-Zimmer-Wohnung, ihre Kinder waren im Zuge des Asylverfahrens in die Schweiz nachgekommen, wobei zwei wegen der engen Wohnung im Kinderheim lebten. Frau Ö. arbeitete als Putzfrau im Frauenhaus der Heilsarmee.

Bei der Erstkonsultation berichtete Frau Ö. über Kopfschmerzen, Globusgefühl, Rückenschmerzen mit Ausstrahlung, Bauchbeschwerden sowie Kälte- und Taubheitsgefühlen in den unteren Extremitäten. Vom Hausarzt hatte sie bisher Maprotilin erhalten.

In einem längeren Gespräch erklärte mir dieser, daß Frau Ö. merkwürdige Ansichten über Anatomie habe. So habe sie angegeben, sie könne auf keinen Fall Tabletten schlucken, da diese im Rachen hängenbleiben würden, und anderes mehr.

Bei weiteren Konsultationen erklärte Frau Ö., die Arbeit im Altersheim gefalle ihr sowieso nicht, da sie ständig Entzündungen an den Händen hätte. Frau Ö. konnte dazu überredet werden, ihr Arbeitsverhältnis in gegenseitigem Einvernehmen aufzulösen; sie focht dagegen kurze Zeit später diese Kündigung wieder an, da sie ja damals krank gewesen sei.

Die Psychiatrische Universitätspoliklinik Basel hatte zur damaligen Zeit einen türkisch sprechenden Oberarzt beschäftigt, der der steigenden Nachfrage türkisch sprechender Patienten unmöglich nachkommen konnte. So ist es für die Assistenzärzte zur oben erwähnten, von Vadasz (1984) geschilderten, unbefriedigenden Situation gekommen. Zwar habe ich meine Explorationen stets mit Hilfe einer Dolmetscherin durchgeführt, welche sich auch sonst der Patientin emotional angenommen hat, in meiner Hilflosigkeit verordnete ich aber immer wieder physikalische Maßnahmen zur Linderung ihres »Viel-Schmerz-Syndroms«.

Die Idee des Hausarztes, die bizarren körperlichen Beschwerden der Patientin deuteten auf eine Schizophrenie hin, wurde von mir klar verworfen.

Es kam auch zum Kontakt mit dem Jugendamt sowie mit dem

Ehemann der Patientin, welcher erklärte, das Verhalten seiner Frau sei nur schwer nachzuvollziehen. Sie habe während Jahren dafür gekämpft, ihre beiden Kinder in die Schweiz bringen zu können, und weigere sich jetzt, eine größere Wohnung zu beziehen, da sie damit überfordert sei.

Da ich ohnehin die Psychiatrische Universitätspoliklinik verließ, habe ich die Patientin an die Sozialarbeiterin im Haus sowie meinen Nachfolger verwiesen.

Dieser hatte zwei Monate nach meinem Weggang wegen einer bedrohlichen Entwicklung den Amtsarzt avisiert, der die Patientin zwangsweise in unsere Klinik einweisen sollte: Die Patientin habe an ausgeprägtem Morgentief mit Unfähigkeit aufzustehen, Antriebslosigkeit, Arbeitsunfähigkeit, depressiv-mutloser Grundstimmung, mißtrauisch-wahnhaft gefärbtem Denken sowie starken psychovegetativen Störungen gelitten.

Sowohl der Ehemann der Patientin als auch sie selbst wehrten sich gegen eine Zwangshospitalisation. Der Amtsarzt hat davon ebenfalls abgesehen.

Wenige Tage später allerdings wollte die Patientin sich vom Balkon in die Tiefe stürzen, um sich von ihren belastenden Beschwerden zu befreien.

Die Patientin ist schließlich zwangsweise in unsere Klinik eingewiesen worden. Erst nach einigen Tagen berichtete sie über ihre Ängste, einem ärztlichen Tötungskomplott zum Opfer gefallen zu sein, zudem stecke auch ihr Mann mit ihren Verfolgern unter einer Decke.

Unter der mit Nachdruck verordneten Medikation von Zuclopenthixol besserte sich das Zustandsbild. Die Patientin nahm wieder Beziehung zu ihrem Ehemann auf und konnte nach rund fünfwöchigem Aufenthalt in unserer Klinik nach Hause entlassen werden. Die Beurteilung lautete: Wahnhafte Störung (F22.0 nach ICD-10).

Kurze Zeit nach der Hospitalisation setzte Frau Ö. die Medikamente ab. Gegenüber dem Ehemann äußerte sie erneut Vergiftungsideen; insbesondere seien die Lebensmittel vergiftet, aber auch die Zahnpasta. Sie hinderte die Kinder daran, das Tagesheim zu besuchen, und vernachlässigte ihren Haushalt. Schließlich wünschte sich der Ehemann die Scheidung. In einer Auseinandersetzung um die Trennung griff Frau Ö. ihren Ehemann mit einem Messer an, worauf sie erneut amtsärztlich in unsere Klinik eingewiesen wurde. Die Patientin wurde nach zweimonatiger Behandlung auf Penfluridol eingestellt und in ein christlich geführtes Frauenheim entlassen. Die Beurteilung lautete damals: Paranoide Schizophrenie (F20.0).

Schon nach kurzer Zeit setzte sie Patientin ihre Medikation erneut ab und litt erneut unter Vergiftungsideen sowie körperlichen Beschwerden.

Schließlich meldete sie sich auf einem Polizeiposten und teilte mit, daß sie mich heiraten wolle. Die Polizei solle sie zu mir bringen, was dann auch geschehen ist, da ich mittlerweile Oberarzt des für die Patientin zuständigen Sektors war.

Es erfolgte eine Kurzhospitalisation, bei der die Patientin von der Notwendigkeit der Einnahme ihrer Medikamente überzeugt werden konnte. Sie konnte schon nach zwei Tagen die Klinik wieder verlassen.

Die Patientin ist in der Folge mehrfach wieder in unserer Klinik hospitalisiert gewesen, nachdem sie jeweils nach kurzer Zeit ihre Medikamente abgesetzt hatte. Einmal verweigerte sei die Nahrung, einmal drohte sie wieder, aus dem dritten Stock zu springen, einmal erschien sie im Kantonsspital und berichtete über Schmerzen, Vergiftungs- und Beziehungsideen.

Die weitere Behandlung auf meiner Abteilung war nicht mehr möglich, da ich aufgrund ihres ausgeprägten Liebeswahns mich kaum mehr frei auf der Abteilung bewegen konnte.

Schließlich ist der Patientin, die nun endgültig getrennt vom Ehemann lebte, ein gesetzlicher Vertreter, ein Beistand, zugesprochen worden, der ihre finanziellen Angelegenheiten regeln sollte. Die Patientin erhielt eine Ein-Zimmer-Wohnung.

Im Dezember des Jahres 1996 ist das Zivilgericht Basel-Stadt an den forensischen Dienst unserer Klinik im Zusammenhang mit dem Scheidungsverfahren Ö. gelangt und bat um Auskünfte zu Diagnose, Auswirkungen der Krankheit von Frau Ö. auf Umgebung und Angehörige und Prognose.

Kurze Zeit später mußte Frau Ö. zum neunten Mal in unserer Klinik zwangsweise hospitalisiert werden. Diesmal hatte die Patientin aufgrund ihrer Vergiftungsideen begonnen, ihre Wohnung zu räumen. Während die Patientin bei den bisherigen Hospitalisationen eher zurückgezogen-depressiv und bei Besserung als parathym-fröhlich erlebt worden war, war sie diesmal aggressiv und mußte sogar kurzzeitig isoliert werden. Sie wurde massiv unter Druck gesetzt, Medikamente zu nehmen.

Unter der Behandlung mit Haloperidol kam es zur schrittweisen Abnahme der Wahndynamik. Frau Ö. konnte sich auf eine Behandlung mit 100 mg Haloperidol decanoas alle drei Wochen einlassen, worauf sie Ende August 1997 nach Hause entlassen werden konnte.

Den Termin zur Verabreichung der Depotmedikamente eine Woche später hat sie zuverlässig eingehalten. Die Schlußbeurteilung war, was die Prognose betrifft, recht zuversichtlich.

Kurze Zeit später wurde eine unbekannte weibliche Leiche im Rhein gefunden, die nicht identifiziert werden konnte. Es erfolgten mehrere Aufrufe in der lokalen Presse. Die Leiche ist schließlich von ihrem Ehemann als Frau Ö. identifiziert worden. Er pflegte von Zeit zu Zeit seine Ex-Frau in ihrer Wohnung aufzusuchen und war über ihr Verschwinden beunruhigt, so daß er sich bei der Polizei gemeldet hat.

Diskussion

Unsere beiden Kasuistiken behandeln die Fälle von eher jungen, verheirateten Frauen mit einem ähnlichen kulturellen Hintergrund. Bei beiden handelte es sich um kurdisch-alevitische Frauen, die gezwungen waren, ihr Heimatland zu verlassen. Beide Frauen waren mit Männern verheiratet, die bereit waren, ihre Ehepartnerin ein Stück weit solidarisch zu begleiten und die durch das Ausmaß der Erkrankung ihrer Partnerinnen offensichtlich überfordert waren. Unsere beiden Fälle unterscheiden sich deutlich von den 41 türkischen Frauen, über die Yilmaz und Battergay 1997 berichtet haben. Diese Patientinnen waren unter der Diagnose einer »Reaktion auf schwere Belastung« und »Anpassungsstörung« (F43 nach ICD-10) zwischen 1991 und 1995 auf der Krisenstationsstation der PUP Basel hospitalisiert. Bei über 50 Prozent dieser Patientinnen führte die häusliche Gewalt zu einem Suizidversuch. Als Risikofaktoren wurden die mangelnde Einbettung in die traditionelle Großfamilie angeführt, die aggressionsbesänftigend wirken könne, sowie das neue Rollenverständnis der Frauen, die in der Schweiz außerhalb der Familie arbeiteten (Yilmaz u. Battegay 1997). Zweifellos war eine erfolgreiche Behandlung der beiden Frauen aus den oben erwähnten mannigfaltigen Gründen wie anderem Krankheitsverständnis, fehlender Sprachkenntnisse sowie objektiv schwieriger psychosozialer Umstände erschwert; zweifellos ist die Schizophrenie auch eine Erkrankung, die ein hohes Risiko des frühzeitigen Todes durch Suizid birgt (Caldwell u. Gottsman 1992), und offenbar kann dieser Suizid zu jedem Zeitpunkt der Erkrankung auftreten (Heilä et al. 1997). Trotzdem stellt sich die Frage, weshalb es in einer Stadt mit einem dichten Netz psychosozialer Einrichtungen sowie einer permanenten Kriseninterventionsstation im Universitätskrankenhaus der Stadt mit acht Betten zu einem derartigen fatalen Ausgang der Behandlungen gekommen ist. Es gibt keine Hinweise darauf, daß es im Kulturkreis, dem die beiden Frauen entstammen, etwa eine soziale Verpflichtung zum Suizid gäbe. Im Gegenteil, der Islam soll dem Suizid ablehnend gegenüber stehen (Pfeifer 1994).

Auffallend ist, daß bei beiden Frauen der Suizid zu einem Zeitpunkt geschehen ist, da die Behandelnden den Eindruck hatten, es sei zu einer gewissen Krankheitseinsicht gekommen. Dabei scheint Finzens Bemerkung fatal bestätigt, der schreibt: »In zahllosen Berichten über Suizide schizophrener Kranken findet sich die Bemerkung, die Selbsttötung sei in dieser Phase der Erkrankung völlig unerwartet gekommen. Der Patient habe sich von seinem psychotischen Erleben distanziert. Eine allgemeine Besserung und Stabilisierung sei festzustellen gewesen. Gerade daß er in seinem Denken und Fühlen nicht mehr krankhaft verändert ist, versetzt ihn in die Lage, sich mit seiner Krankheit und ihren Folgen auseinanderzusetzen« (Finzen 1977).

Man möchte meinen, die Patientinnen hätten aus ihrem sozialen Tod die Konsequenzen gezogen. Bei der künftigen Behandlung akut psychotisch erkrankter Menschen, die aufgrund ihrer Erkrankung aus ihrem sozialen Netz gefallen sind, wird einer erhöhten Suizidalität Rechnung zu tragen sein.

Literatur

Brucks U. et al. (1987): Soziale Lage und ärztliche Sprechstunde. Deutsche und ausländische Patienten in der ambulanten Versorgung. Hamburg.

Caldwell, C. B.; Gottsman, I. I. (1992): Schizophrenia – a high-risk-factor for suicide clue's to risk-reduction. Suicide Lifethreat. Behav. 22: 479–493.

Collatz, J.; Hackhausen, W.; Salman, R. (Hg.) (1999): Begutachtung im interkulturellen Feld. Berlin.

Dirscherl, R. (1996): Zur Situation der Kurden im Kanton Basel-Stadt. Vortrag im Rahmen der Klinikfortbildung der PUK Basel am 13.5.1996.

Eisner, N. (1996): Gewalttaten in der Schweiz: Die ethnische Dimension. Kriminologisches Bulletin 22/2: 11–44.

Finzen, A. (1997): Suizidprophylaxe bei psychischen Störungen. Stuttgart/New York.

Heilä, H. et al. (1997): Suicide and schizophrenia: A nationwide psychological autopsy study on age- and sex-specific clinical characteristics of 92 suicide victims with schizophrenia. Am. J. Psychiatry 154/9: 1235–1242.

Pfeifer, W. (1994): Transkulturelle Psychiatrie. Stuttgart/New York.

Risso, M.; Böker, W. (1964): Verhexungswahn. Ein Beitrag zum Verständnis von Wahnerkrankungen süditalienischer Arbeiter in der Schweiz. Basel/New York.

Vadasz, F. (1984): Funktionelle Beschwerden südländischer Gastarbeiter. Ein Beitrag zum Problem der psychogenen »Invalidität«, beziehungsweise der »Rentenneurose«. Schweiz. med. Rundschau (PRAXIS) 73/12: 375–380.

Yilmaz, A. T.; Battegay, R. (1997): Gewalt in der Partnerschaft bei Immigrantinnen aus der Türkei. Nervenarzt 68: 884–887.

Danuté Gailiené, Ruta Navardauskiené

Zur Neuorientierung der Geschlechterbeziehungen in einer postkommunistischen Gesellschaft

Ein Beitrag aus der suizidologischen Forschung in Litauen

Wie in fast allen anderen Ländern begehen Frauen in Litauen einige Male seltener Suizid als Männer. 1996 betrug die Suizidrate in Litauen 79,3 pro 100 000 für Männer und 17,1 pro 100 000 für Frauen, das heißt, Männer nehmen sich 4,6mal öfter das Leben als Frauen.

Doch die Wandlungstendenzen der Selbsttötungsrate zeigen, daß sowohl Männer als auch Frauen in der Reformzeit nach dem Sturz des kommunistischen Regimes große Schwierigkeiten zu bewältigen hatten. In den Jahren der Unabhängigkeit ist die allgemeine Suizidrate in Litauen um 74 Prozent gestiegen. Dabei stieg die entsprechende Rate bei den Männern um 75 Prozent, bei den Frauen um 68 Prozent. 1994 stellten die Männer noch 90 Prozent und die Frauen nur 10 Prozent des gesamten Anstiegs. In der Zeit von 1994 bis 1996 aber stieg die Suizidrate von 45,8 auf 46,6 pro 100 000 Einwohner, und 100 Prozent dieses Anstiegs bildeten weibliche Suizidenten (1996 ist die entsprechende Zahl der Männer um 3 Prozent kleiner geworden, die Zahl der Frauen aber ist um 28 Prozent gestiegen).

In den Jahren des Kommunismus ist die Arbeitsteilung formal gleichberechtigt gewesen: Sowohl Männer als auch Frauen hatten die Pflicht zu arbeiten, die Sorgen des Haushalts jedoch fielen in den meisten Familien den Frauen zu. Familien, die sich auf Partnerschaft gründeten und die Arbeit im Haus untereinander teilten, waren nicht zahlreich; deshalb war die Einstellung vorherrschend, daß zwar alle arbeiten müssen, eine ernstere Karriere aber nur von den Männern anzustreben sei.

Man hat den Eindruck, als ob heute, nach der Wiedererlangung der Freiheit, in der Gesellschaft verschiedene Modelle der Rollenverteilung und der Beziehungen in der Familie geradezu ausgeprobiert würden. Auf dem Hintergrund einer Anomie (E. Durkheim), die in der Zeit politischen Umbruchs zu beobachten ist, entstehen in großem Tempo verschiedene Tendenzen, die genauso schnell wieder verschwinden. Ein rascher Wechsel von ziemlich extremen »Moden« ist zu beobachten.

Die erste Reaktion auf die wiedergewonnene Freiheit war die Einstellung, nun seien wir frei und würden zu einem normalen Leben und zu normalen Beziehungen in der Familie zurückkehren. Diese Einstellung hatte sehr schnell fast die gesamte Bevölkerung ergriffen. Als erstes verstand man darunter die Befreiung von dem Arbeitszwang. Das patriarchalische Modell der Familie schien am attraktivsten zu sein. Es wurde behauptet, die Frauen würden nun ihre Kinder ruhig erziehen können, ohne zwischen Arbeit und Haus hin und her gerissen zu werden, und die Männer würden genug verdienen, um ihre Familien zu unterhalten.

Es schien, als hätten sich sehr viele Chancen geöffnet, viel und schnell zu verdienen. Die riesigen östlichen Märkte in Rußland, Weißrußland und der Ukraine boten scheinbar diese Chance. Ziemlich rasch bildete sich die Einstellung aus, daß Bildung und Beruf weder Wert noch Sinn haben. Studieren sei eine reine Zeitverschwendung, man müsse nur clever sein und »Geld machen«, die Zukunft gehöre dem Handel (der ganz primitiv verstanden wurde). Man hatte den Eindruck, die Hochschulen würde bald keiner mehr brauchen und es würde lange dauern, bis sich da etwas ändert.

Doch diese Zeit war sehr kurz, sie dauerte etwa zwei bis drei Jahre und nahm ein tragisches Ende (Abb. 1). Wenn wir die Suizidraten von 1990 und 1996 vergleichen, können wir sehen, daß die Zahl junger Männer im Alter zwischen 20 und 24 Jahren besonders hoch (um 181 Prozent) gestiegen ist. Das heißt, daß sehr viele junge und berufslose Männer sich das Leben genommen haben, die möglicherweise erfolglos nach schnellem und leichtem Gewinn gejagt haben. Diese Welle war bald vorbei. Die Hochschulen sind heute wieder nicht mehr imstande, alle aufzunehmen, die studieren wollen.

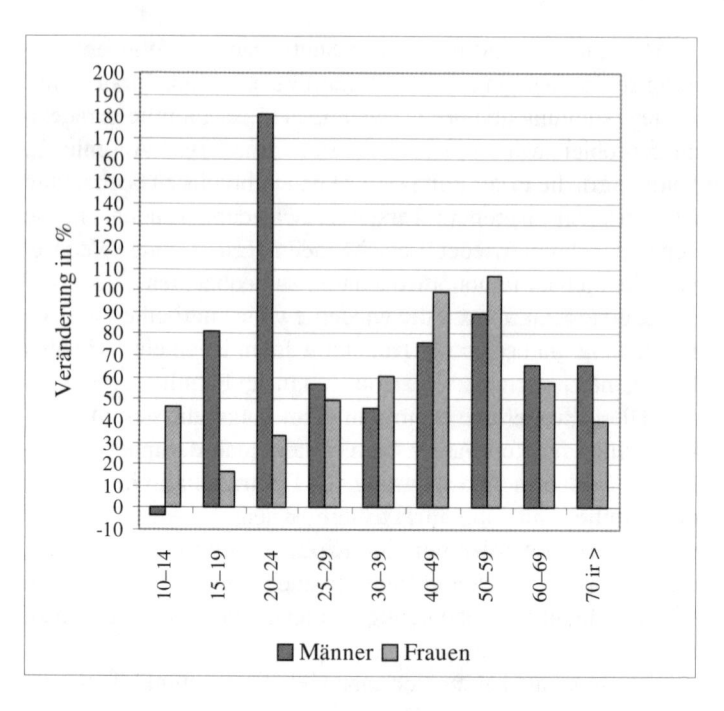

Abbildung 1: Prozentuale Veränderungen der Suizidraten in Litauen zwischen 1990 und 1996 nach Geschlechts- und Altersgruppen

Es ist weiterhin festzustellen, daß Frauen im Alter zwischen 50 und 59 Jahren in jener Zeit mit großen Schwierigkeiten zu kämpfen hatten, da es ihnen wohl besonders schwer fiel, sich den neuen Bedingungen anzupassen. Wahrscheinlich ist aus diesem Grund ihre Selbsttötungsrate um 107 Prozent gestiegen.

Junge Frauen wollten also zum Haushalt zurückkehren. Viele Kindergärten und -krippen wurden geschlossen, weil sie nicht mehr gebraucht wurden. Dieses Phänomen existierte jedoch nur kurzfristig, denn es wurde bald klar, daß man nie und nirgendwohin – auch nicht zur Idylle oder, besser gesagt, zur Illusion der patriarchalischen Familie – zurückkehren konnte. In der modernen Gesellschaft müssen die Beziehungen zwischen den Geschlechtern und die entsprechende Rollenverteilung viel differenzierter und individualisierter sein.

Nicht alle junge Männer haben beruflich versagt oder sich selbst das Leben genommen. Manche sind ziemlich reich geworden, sind jedoch psychisch für diese Veränderungen völlig unvorbereitet gewesen. Dies belastete die Ehen dieser Gruppen enorm. Manche Frau fühlte sich plötzlich nur als ein Objekt an der Seite ihres reichen Mannes. Andere Ehepaare begriffen entweder, daß das patriarchalische Modell der Beziehungen für sie nicht akzeptabel ist, oder sahen wegen finanzieller Umstände ein, daß beide arbeiten müssen. Jedenfalls sind heute Kindergartenplätze wieder gefragt, und viele Familien stellen Kindermädchen an.

Auch ein weiteres Extrem ließ nicht lange auf sich warten. Gemeint sind die militanten Feministinnen. Die einheimischen Frauen wurden durch die westlichen Protagonistinnen, die bereits eine größere »Schlachtfelderfahrung« besaßen, entsprechend ideologisch inspiriert. Doch auch der radikale Feminismus bleibt eine lokale Erscheinung in unserem öffentlichen Leben. Allmählich entstehen andere Organisationen und Bewegungen, die sich um optimale Beziehungen der beiden Geschlechter sehr ernsthaft bemühen.

In der letzten Zeit fällt etwas anderes auf. Man hat den Eindruck, daß jetzt eher Frauen geneigt sind, dem Traum von leichtem Geld und schwindelerregenden Lebensperspektiven nachzugehen. Das gilt vor allem für junge Frauen, die massenweise die Karriere eines Topmodels oder etwas ähnliches anstreben. Schwere Enttäuschungen sind dabei keine Seltenheit.

Unsere Untersuchung

Die Untersuchung, die wir durchgeführt haben, ist für das Selbstgefühl und die Selbsteinschätzung und damit auch für mögliche Suizidfaktoren von Männern und Frauen ziemlich aufschlußreich. Wir versuchten zu klären, ob und wie das Selbstgefühl und die Selbsteinschätzung junger Eheleute, sowohl Männer als auch Frauen, davon abhängt, ob sie Kinder haben oder kinderlos sind.

Die Versuchspersonen waren 20 junge Ehepaare, insgesamt also 40 Personen im Alter zwischen 20 und 27 Jahren. Die Dauer der Ehe schwankte zwischen einem Jahr und viereinhalb Jahren. 10 von diesen Ehepaaren sind kinderlos, die übrigen 10 haben je ein Kind im Alter zwischen 8 Monaten und 3 Jahren.

Um den Einfluß der Nebenfaktoren zu minimalisieren, wählten wir studentische Ehepaare, und zwar solche, bei denen beide Partner studieren. Die Wohnverhältnisse sind vergleichbar, alle Familien wohnen in Studentenheimen, getrennt von den Eltern und Großeltern. Die finanzielle Lage aller untersuchten Familien ist ebenfalls vergleichbar.

Die Ehepaare, die ein Kind besitzen, erziehen es zu Hause, das heißt, die Eltern wechseln einander ab und versuchen, ihr Studium und die Kindererziehung zu vereinbaren. Die Kinder besuchen keinen Kindergarten und werden nicht zur Erziehung an die Großeltern abgegeben.

Für die Untersuchung wurden folgende Methoden benutzt:

1. The Purpose in Life Test von J. C. Crumbaugh und L. T. Maholic. Dieser Test beruht auf der existenzpsychologischen Theorie von Viktor Frankl, die besagt, daß der Lebensmotivation das Bedürfnis nach dem Sinn zugrunde liegt. Wenn der Mensch zweifelt, ob es etwas gibt, weswegen man lebt, dann findet er kein Ziel im Leben und erlebt die »Existenzleere«. Die Ergebnisse der Untersuchung mit diesem Test zeigen, ob der Mensch sein Leben für sinn- und zweckvoll hält.

2. Das Polaritätenprofil nach Dembo-Rubinstein. Diese Methodik gibt die Möglichkeit festzustellen, wie die Versuchspersonen bewußt und unmittelbar ihr Selbstgefühl bewerten. Die Personen wurden gebeten, ihren Zustand auf einer Skala anzugeben, die Werte zwischen −5 und +5 besitzt. Sie wurden nach Einschätzungen über ihre »Gesundheit«, »Erfolg«, »Glück«, »Zufriedenheit mit dem Leben« und »Vernunft« gefragt.

3. Der Progressive Matrizen-Test nach Raven zur Feststellung der Allgemeinbefähigung. Mit diesem Test wurde die Intelligenz der Versuchspersonen gemessen. Dazu haben wir auch nach der subjektiven Einschätzung der eigenen Intelligenz gefragt. Den Versuchspersonen wurde folgende Zusatzaufgabe gestellt: »In dieser Untersuchung hat es 60 Aufgaben gegeben. Für jede richtige Antwort bekommt man einen Punkt. Sie können also maximal 60 Punkte bekommen. Wieviel Punkte glauben sie bekommen zu haben?«

Ergebnisse

Der Test zur Feststellung des Lebenssinns hat gezeigt, daß unsere Versuchungspersonen keine »Existenzleere« erleben. Der Durchschnittswert von 103 Punkten entspricht der Durchschnittsnorm, die für litauische Studenten festgestellt worden ist.

Beim Vergleich der Ergebnisse der Ehepaare, die ein Kind haben, mit denjenigen der kinderlosen Paare sieht man jedoch einen Unterschied. Die niedrigsten Werte sind bei den Frauen nachzuweisen, die ein Kind erziehen.

Auf die Frage nach dem Glück schätzen sich alle Versuchspersonen ähnlich ein, doch die Einschätzungen des eigenen Erfolgs zeigen große Unterschiede auf. Frauen, die ein Kind erziehen, haben sich am schlechtesten eingeschätzt. Den Erfolg verbinden die Versuchspersonen mit einer erfolgreichen Arbeit oder anderen Tätigkeit, das heißt, eher mit der gesellschaftlichen Sphäre, mit einem guten Zeugnis, mit der Arbeitsleistung, der gesellschaftlichen Stellung, kurz, mit einer erfolgreichen Selbstrealisierung. In den Familien, die ein Kind erziehen, fällt die Einschätzung des eigenen Erfolgs bei den Männern und bei den Frauen ganz unterschiedlich aus: Von den Männern wird der Erfolg wesentlich höher, von den Frauen wesentlich niedriger angegeben (Abb. 2).

Dieselbe Tendenz besteht auch bei der Einschätzung der eigenen Intelligenz. Auch hier sind die Frauen, die ein Kind erziehen, diejenigen, die ihre geistigen Fähigkeiten am schlechtesten bewerten (Abb. 3). Bei der Prognose über das Ergebnis der Intelligenzmessung ist es wieder diese Gruppe von Frauen, die am meisten geneigt ist, sich zu unterschätzen: Ihre subjektiven Einschätzungen liegen viel tiefer als die realen Ergebnisse. Dabei hat die objektive Intelligenzmessung gezeigt, daß die allgemeine Befähigung aller untersuchten Studenten, sowohl Männer als auch Frauen, gleich hoch ist (Abb. 4).

Es wäre also anzunehmen, daß verheiratete Männer, die ein Kind haben, sich bedeutender und erfolgreicher fühlen.

Was passiert aber mit den Frauen? Es gibt keine einfache Erklärung für diese Ergebnisse. Man könnte annehmen, daß Frauen, die ein Kind erziehen, eine Wertkollision erleben. Einerseits fühlen sie sich in der Familie glücklich, andererseits aber spüren sie, daß sich ihr Wert in sozialer Hinsicht gemindert hat.

Falls die Ergebnisse dieser Pilotuntersuchung, die eine ziemlich begrenzte Gruppe gestreift hat, sich auch bei anderen Gruppen bestätigt, könnte man behaupten, daß der Weg zur realen Partnerschaft der Geschlechter, also zur optimalen Symmetrie, noch ziemlich weit ist.

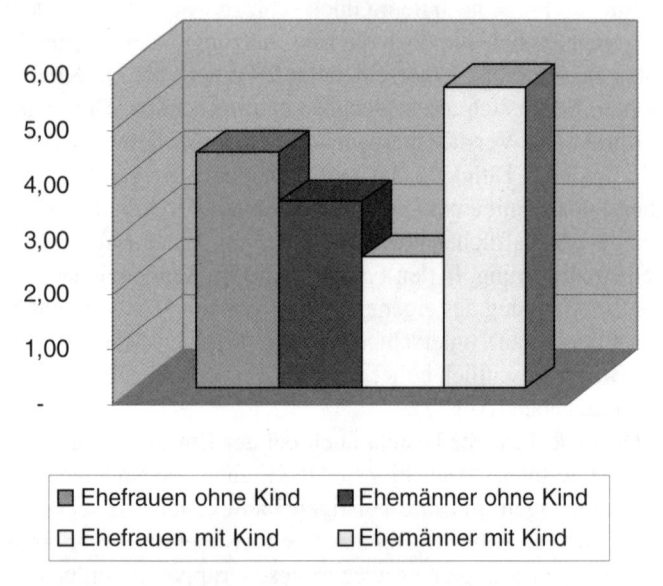

Abbildung 2: Selbsteinschätzung junger Eheleute ihres Erfolgs

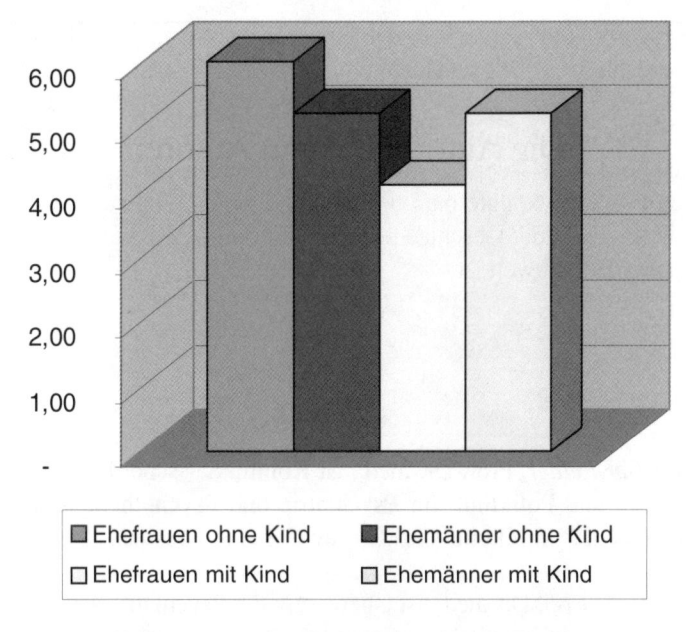

Abbildung 3: Selbsteinschätzung junger Eheleute ihrer Intelligenz

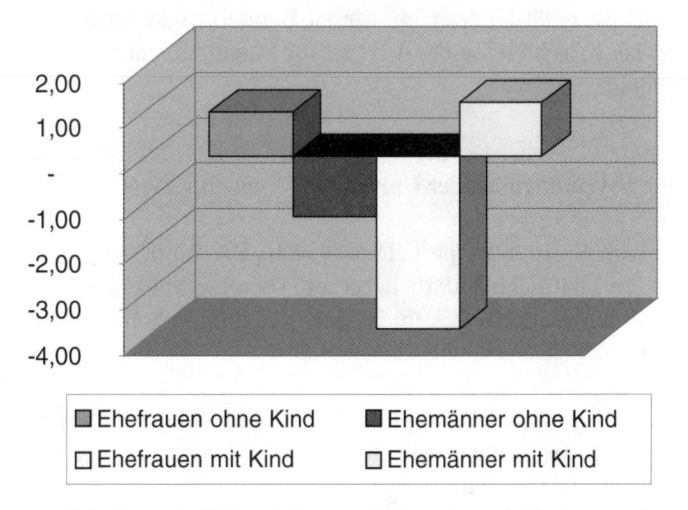

Abbildung 4: Unterschiede zwischen der subjektiven und objektiven Einschätzung der Intelligenz junger Eheleute

Die Autorinnen und Autoren

Werner Felber, Prof. Dr. med., ist Kommissarischer Leiter der Klinik und Poliklinik für Psychiatrie und Psychotherapie des Universitätsklinikums Carl Gustav Carus in Dresden.

Andreas Frei, Dr. med., ist Oberarzt in der Psychiatrischen Klinik des Kantonsspitals Luzern.

Regula Freytag, Dr. rer. nat., ist tätig in der Erwachsenenpädagogik, Supervision und Krisenberatung; Lehrtätigkeiten an der Universität Hildesheim. Sie ist Beraterin und Ausbilderin für das Krisentelefon des Vereins für Suizidprävention in Hildesheim.

Danuté Gailiené, Dr. der Psychologie, ist Dozentin für Klinische Psychologie an der Universität Vilnius/Litauen.

Benigna Gerisch, Dr. phil., Dipl.-Psych., Psychotherapeutin, ist Wissenschaftliche Mitarbeiterin am Therapiezentrum für Suizidgefährdete der Klinik für Psychiatrie und Psychotherapie am Universitätskrankenhaus Eppendorf.

Thomas Giernalczyk, Dr. phil., Dipl.-Psych., ist Psychoanalytiker in eigener Praxis sowie Dozent an der Universität der Bundeswehr in München.

Matthias Israel, Dr. med., ist Oberarzt in der Suizidambulanz der Klinik und Poliklinik für Psychotherapie und Psychosomatik des Universitätsklinikums Carl Gustav Carus in Dresden.

Jürgen Kind, Dr. med., ist Psychoanalytiker in eigener Praxis in Göttingen.

Ruta Navardauskiené, Dipl.-Psych., ist tätig an der Universität Vilnius/Litauen.

Jochen Oehler, Prof. Dr. rer. nat., ist Leiter der Arbeitsgruppe Neurobiologie an der Technischen Universität Dresden.

Christina Rachor, Dr. phil., Dipl.-Soz., ist freie Wissenschaftliche Mitarbeiterin und Publizistin in Frankfurt/Main.

Peter Winiecki, Dr. oec. habil., ist Privatdozent an der Klinik und Poliklinik für Psychiatrie und Psychotherapie des Universitätsklinikums Carl Gustav Carus in Dresden.

Michael Witte, Dipl.-Soz., Dipl.-Soz.Päd., ist Geschäftsführer der Berliner Einrichtung NEUhland, Hilfen für Suizidgefährdete Kinder und Jugendliche.

Manfred Wolfersdorf, Prof. Dr. med., ist Ärztlicher Direktor und Chefarzt der Klinik für Psychiatrie und Psychotherapie des Bezirkskrankenhauses Bayreuth.

Hamburger Beiträge zur Psychotherapie der Suizidalität

Band 3: Benigna Gerisch / Ilan Gans (Hg.)
Ich kehre in mich selbst zurück und finde eine Welt
Autodestruktivität und chronische Suizidalität
2000. 148 Seiten, kart.
ISBN 3-525-45901-7

In der Persönlichkeitsentwicklung und -struktur schwer traumatisierter Patienten spielen neben der Suizidalität häufig auch andere autodestruktive Verhaltensweisen wie Selbstbeschädigung und Sucht eine zentrale Rolle. Vor diesem Hintergrund zeigen die Beiträge die Übereinstimmungen und Differenzen in der Psychodynamik von Suizidalität und selbstschädigendem Körperagieren auf. Darüber hinaus werden nicht nur die spezifischen behandlungstechnischen Schwierigkeiten in der psychotherapeutischen Arbeit mit dieser Klientel erörtert, sondern auch theoriegeleitete und konzeptorientierte Aspekte zum Verständnis der intrapsychischen Dynamik von Suizidalität formuliert.

Band 2: Paul Götze / Monika Richter (Hg.)
Aber mein Inneres überläßt mir selbst
Verstehen von suizidalem Erleben und Verhalten
2000. 172 Seiten, kart.
ISBN 3-525-45900-9

Das Verstehen suizidalen Erlebens und Verhaltens erfordert eine Auseinandersetzung mit der ganzen Bandbreite der Suizidalität. In diesem Band werden bisher eher vernachlässigte Themen der Therapie und Forschung ins Zentrum gestellt.

Band 1: Georg Fiedler / Reinhard Lindner (Hg.)
So hab ich doch was in mir, das Gefahr bringt
Perspektiven suizidalen Erlebens
1999. 190 Seiten mit 4 Abb., kart.
ISBN 3-525-45837-1

Der Band enthält ein breites Spektrum zum Thema Suizidalität mit dem gemeinsamen Nenner der Verständnissuche und Hilfe durch Psychotherapie.

V&R
Vandenhoeck & Ruprecht

Suizidforschung und -prävention

Jürgen Kind
Suizidal
Die Psychoökonomie einer Suche
3. Auflage 1998. 203 Seiten, kart.
ISBN 3-525-45749-9

Israel Orbach
Kinder, die nicht leben wollen
Übersetzung aus dem amerikanischen Englisch von Ute Boldt.
2. Auflage 1997. 243 Seiten, Paperback. ISBN 3-525-01413-9

Erik Wenglein / Arno Hellwig / Matthias Schoof (Hg.)
Selbstvernichtung
Psychodynamik und Psychotherapie bei autodestruktivem Verhalten
1996. 187 Seiten mit 9 Abbildungen und 27 Tabellen, kart.
ISBN 3-525-45786-3

Ulrich Sachsse
Selbstverletzendes Verhalten
Psychodynamik – Psychotherapie.
Das Trauma, die Dissoziation und ihre Behandlung
5. Auflage 1999. 209 Seiten, kart.
ISBN 3-525-45771-5

Elfriede Löchel (Hg.)
Aggression, Symbolisierung, Geschlecht
Psychoanalytische Blätter 17.
2000. 132 Seiten, kart.
ISBN 3-525- 46016-3

Thomas Haenel
Suizid und Zweierbeziehung
2001. Ca. 156 Seiten mit 2 Tabellen, kart. ISBN 3-525-45895-9

Regula Freytag / Michael Witte (Hg.)
Wohin in der Krise?
Orte der Suizidprävention
1997. 233 Seiten mit zahlreichen Abbildungen und Tabellen, kart.
ISBN 3-525-45795-2

Thomas Giernalczyk / Regula Freytag (Hg.)
Qualitätsmanagement von Krisenintervention und Suizidprävention
1998. 257 Seiten mit 8 Abbildungen, 16 Tabellen und 2 Übersichten, kart. ISBN 3-525-45814-2

Arnold Langenmayr
Trauerbegleitung
Beratung, Therapie, Fortbildung
1999. 200 Seiten, kart.
ISBN 3-525-45851-7

V&R
Vandenhoeck & Ruprecht